新课程怎么教丛书

U0721756

XINKECHENG
SHUXUE
ZENMEJIAO

新课程
数学
怎么教

　　怎样才能很好地适应新课程？怎样才能在新课程教学过程中给学生营造一个良好的氛围，建立平等、民主、信任的新型师生关系？怎样才能引导学生的情感处于积极的、自由的、宽松的心理状态，能自主的参与数学课堂学习？使课堂气氛活跃？我认为要解决这些问题就需要自身不断去积累，不断去学习探究。下面就《新课程怎么教》谈谈自己在学习中的一点体会。

杨　敏　本书编写组◎编著

Xinkecheng
Zenmejiao
Congshu

世界图书出版公司
广州·北京·上海·西安

图书在版编目（CIP）数据

新课程数学怎么教／《新课程数学怎么教》编写组
编．—广州：世界图书出版广东有限公司，2011.3 （2024.2 重印）
ISBN 978 - 7 - 5100 - 3337 - 7

Ⅰ．①新… Ⅱ．①新… Ⅲ．①中学数学课 - 课堂教学
- 教学法 Ⅳ．①G633．602

中国版本图书馆 CIP 数据核字（2011）第 036098 号

书　　　名	新课程数学怎么教	
	XINKECHENG SHUXUE ZENME JIAO	
编　　　者	《新课程数学怎么教》编写组	
责 任 编 辑	冯彦庄	
装 帧 设 计	三棵树设计工作组	
出 版 发 行	世界图书出版有限公司　世界图书出版广东有限公司	
地　　　址	广州市海珠区新港西路大江冲 25 号	
邮　　　编	510300	
电　　　话	020-84452179	
网　　　址	http://www.gdst.com.cn	
邮　　　箱	wpc_gdst@163.com	
经　　　销	新华书店	
印　　　刷	唐山富达印务有限公司	
开　　　本	787mm×1092mm　1/16	
印　　　张	12	
字　　　数	160 千字	
版　　　次	2011 年 3 月第 1 版　2024 年 2 月第 3 次印刷	
国 际 书 号	ISBN 978-7-5100-3337-7	
定　　　价	59.80 元	

本 册 编 委

主 编

　　杨 敏

编 委

　　谭 蕾 张 莹 张 强 李 娜 张石柱 王 刚 鲍 筠

序　言

　　新课程改革是进入新世纪以后影响我国教育的一件大事，它正在逐渐走进中小学的课堂，重新规范中小学教师的一系列观念、行为。在新课程实施中，有的教师将课程单纯视为教学内容的变革和教材调整，认为只要把新的知识结构教给学生就完成了新课程赋予的使命；有的教师将新课程的实施单纯视作课堂教学方法的重新调整，认为只要教学上体现出新课程的要求就可以了；还有的教师将课堂上学生的参与当作新课程实施的典型体现，认为只要在课堂上和学生互动了，新课程的要求也就实现了……凡此种种，都反映出一些教师对新课程改革认识上的偏颇，导致的结果是课堂并没有真正活起来、动起来，学生的学习方式并没有得到真正的改变，学生的生活世界并没有真正受到关注，学生的生命价值并没有得到真正的体现。

　　其实，新课程改革不是换一套教科书，而是教育领域一次深层次的彻底革命。这场以转变教学理念为先导，以课堂教学改革为核心，以提高教师素质为突破口，以转变教学方式为手段，以"一切为了学生发展"为目标的全面改革，旨在通过培养学生的创新精神和实践能力，全面推进和实施素质教育。新课程改革将改变学生的学习生活，也将改变老师的工作方式、生活方式乃至生存方式。老师的角色已变成学生学习的促进者、引导者、教育教学的研究者、课程和开发者和创建者。所以说，新课程对广大教师来说，既是机遇，又是挑战，教师能不能明确意识到自己面临的机遇和挑战，能不能做出积极的回应和改变，能不能尽快走进新课程，是新课程能不能顺利实施的根本保证。

基于此，我们特别组织了国内新课程实验区示范学校的核心专家和一线教师编写了"新课程怎么教"丛书。这套丛书以初中新课程标准为主，旨在为中学教师实施新课程提供一个创造性的平台，引导教师把新课程的理念落实到每一个教学活动中、落实到每一个学生的身上；帮助教师根据教学目标设计各具特色的教学活动；为教师提供丰富的课程资源；为教师科学地运用评价功能，提出多元的方法和可操作性的建议。丛书具有以下显著特点：

一是理念新。课程改革，首先是更新教育教学理念的问题。理念新了，以理念为基础形成的教学方法及其体系才能适应新课程的要求。那么，新课程是建构在哪些新理念之上呢？这些新理念与传统的教育教学理念有什么关系呢？教学实践中，我们又要怎样贯彻落实这些理念呢？本套丛书以现代教学理论为基础，结合实验区教学实践通俗易懂地回答了上述问题。

二是内容新。它与新课程实验息息相通，采集援引了大量的新课程实验区的鲜活的教学案例，这些案例用最生动的材料记录了在实验一线的教师的思考，尤其是教学过程实施的具体方式，是一份很难得的关于中国基础教育课程改革的参考文档。

总之，本套丛书既是新课程的理论探索和实践操作的高度融合；又是教育科学性与艺术性的高度统一；更是全国各实验区教师对新课程探索实践的智慧结晶，具有全面、系统、通俗、实用、操作性强之特点。

当然，由于时间仓促，以及理论研究本身的不足，这套供广大中学教师使用的丛书难免存在谬误之处，敬请学界同行和广大教师批评指正，以便我们不断修订完善。

最后，让我们共同期待"新课程怎么教"丛书，对广大教师理解新课程，走进新课程，提高教学水平发挥出积极作用！新课程需要我们共同学习，不断探索，勇于创新实践，才能不断完善！

前　言

　　谈到传统的数学教学，人们最直接的一个感受就是"题海战术"、"反复练习"等"应试"方面的特征，这种偏离数学本来作用的教学过程，造成了一种错觉：数学远离学生、远离生活。实际上，数学应该是丰富多彩的，而不是复杂的数字游戏，数学教育应该有实实在在、生动活泼的生活场景。从生活中来的数学才是"活"的数学，有意义的数学，新的数学课程标准就提出："使数学教育面向全体学生，实现人人学有价值的数学；人人都能获得必需的数学；不同的人在数学上得到不同的发展。"

　　在新课程改革的背景下，关于数学应该怎么教的问题，许多数学教师都参与了思考和讨论，所得的结论也异彩纷呈，但其中有一条基本的共识，那就是数学应该关注数学知识的实际意义和实用价值，培养学生解决实际问题的意识和能力。只有让数学回到生活中去，才会显示其价值，展示其魅力；只有让学生回到生活中去运用数学，才能真实地显现其数学学习水平。

　　新的一轮课程改革，注重课堂教学从"知识课堂"走向"生命课堂"，从"独白"走向"对话"，从"封闭"走向"开放"，倡导学生主动参与、乐于探究、自主合作的学习方式，强调教学过程的动态生成性与学生知识的积极内化和主动建构，所有这些，使传统的课堂教学发生了极大的变化。在实际教学过程中，教师体会最深刻的是，一定要让学生"动嘴说"和"动手做"。前苏联教育家苏霍姆林斯基说："在人的心灵深处，都有一种根深蒂固的需要，这就是希望自己是一个发现者、研究者、探索者，而孩子的精神世界中，这种需要更强烈。"数学课堂实践中，没有活动、体验与思考，没有与他人的合作与交流，就满足不了学生真正学习数学的需要。

总而言之，在新课程改革背景下的数学教学，必须完善课堂教学设计，创设好导入情境，辩证运用讲授和自主、合作、探究教学，做到数学素材既来源于生活又运用于生活，这样教师才能谈得上掌握了调控课堂的能力。这样的课堂才能有生命，才能让学生爱上数学。

本书按照教学设计和教案设计的理论要求，汇集一线教师不同形式、风格各异的教学案例，体现教师在数学教学时积极调动学生主动"说"与"做"。要有效地利用本书的教学案例，还需要教师能够进行换位思考，能够设身处地地为学生着想。另外，不同的年级，不同的班，不同的学生对象，既有共性又有个性，这都需要数学教师进行有针对性的思考和分析，做到有的放矢，避免陷入到照本宣科的传统数学教育的路子中去。

编　者

目录 CONTENTS

第一章

走进数学新课程

在全面推进素质教育、科教兴国的背景下，我国基础教育改革呼之欲出。课程在学校教育中处于核心地位，教育的目标、价值主要通过课程来体现和实施，因此，课程改革是教育改革的核心内容。

1. 新课程与旧课程究竟有什么不同？

核心是教育理念的不同，新课程以提高国民素质为宗旨，以学生发展为本，更强调人格的培养和生存能力的培养。

新的基础教育课程体系，以培养创新精神和实践能力为重点，强调课程要促进每个学生身心健康发展，培养良好品德，强调基础教育要满足每个学生终生发展的需要，培养学生终身学习的愿望和能力。

2. 新课程改革要改变什么？

改变原有的教材内容、教材形式，改变原有的教学方式，改变原有的评价功能等，使师生角色发生变化，教师不再是简单的知识传授者，学生成为学习的主人，教师将扮演学习的引领者、组织者和合作者。

基础教育改革的目标是：

（1）改变课程过于注重知识传授的影响，强调形成积极主动的学习态度，使获得基础知识与基本技能的过程同时成为学会学习和形成正确价值观的过程；

（2）改变课程结构过于强调学科本位的状况，使课程结构具有均衡性、综合性和选择性；

（3）改变课程内容繁、难、偏、旧和偏重书本知识的现状，加强课程内容与学生生活以及现代社会科技发展的联系，关注学生的学习兴趣和经验，精选终身学习必备的基础知识和技能；

（4）改变课程实施过于强调接受学习、死记硬背、机械训练的状况，倡导学生主动参与、乐于探究、勤于动手，培养学生搜集和处理信息的能力、获取新知识的能力、分析和解决问题的能力，以及交流与合作的能力；

（5）改变课程评价过分强调评价的甄别与选拔功能，发挥评价促进学生发展、教师提高和改进教学实践的功能（激励教育）；

（6）改变课程管理过于集中的状况，实行国家、地方、学校三级课程管理，增强课程对地方、学校及学生的适应性。

3. 新课程改革的核心任务是什么？

新课程改革的核心任务是改变学生的学习方式。

新课程要改变"师讲生受"的传统方法，倡导教师创设能够引导学生主动参与的教育活动，营造师生互动、生生互动的交互学习方式；鼓励学生向教师质疑，与教师进行平等的对话与交流；倡导学生之间为促进学习而进行的各种讨论，改变过分注重记忆、被动模仿的学习倾向，把自主探究与合作交流作为重要的学习方式。

4. 新课程标准与传统的教学大纲有什么区别？

新课程标准比传统的教学大纲在教学过程和结果评价中，对教师更具有指导性，更具体更容易操作。

传统的教学大纲较多以学科体系为中心来表述学科的知识点和教学要求。对能力和教学要求往往采用"初步了解"、"理解"、"掌握"、"运用"等抽象的方式，对教师具体了解学生应达到什么程度缺乏明确的指导。新课程改革力图通过新课程标准形式，在学生知识、技能、态度、能力的发展方面具体化，从而明确制定我国基础教育各门课程的基本标准，初步建立起我国基础教育的课程标准体系。

（1）在课程目标上，要求从知识到技能、过程与方法、情感态度与价值观等多方面设计具体的课程。

（2）在课程内容上，注意密切联系学生的生活和经验以及社会、科学发展的现实，强调学生经验、学科知识和社会发展三方面内容的整合。

（3）在课程要求上，课程标准不仅仅结合知识点明确具体的结果性目标，每个学科都结合本学科的特点，明确提出了一系列过程性目标、体验性目标，以期学生在获得知识的同时学会学习，并形成正确的价值观。课程标准还对教学过程、教材编写和学生学习质量的评估明确了具体要求。

5. 新课程的学生培养目标与课程目标有什么联系？

新课程的培养目标是以"关注人的发展"为基础，培养具有世界眼光的人。为了使新课程培养目标落实到课程中，将课程总目标分解出知识与技能、过程与方法、情感态度与价值观三个分目标。

《基础教育课程改革纲要（试行）》中指出，新课程的培养目标可以概括为"六个具有"和"一个初步形成"，强调要使学生：

（1）具有爱国主义、集体主义精神，热爱社会主义，继承和发扬中华民族的优秀传统和革命传统；

（2）具有社会主义民主法治意识，遵守国家法律和社会公德；

（3）初步形成正确的世界观、人生观、价值观；

（4）具有社会责任感，努力为人民服务；

（5）具有初步的创新精神、实践能力、科学和人文素养以及环境意识；

（6）具有适应终身学习的基础知识、基本技能和方法；

（7）具有健康的体魄和良好的心理素质，养成健康的审美情趣和生活方式，成为有理想、有道德、有文化、有纪律的一代新人。

相应的数学课程目标为：

（1）获得适应未来生活和进一步发展所必需的重要数学知识（包括数

学事实、数学活动经验）以及基本的数学思想方法和必要的应用能力；

（2）初步学会应用数学的思维方式去观察、分析现实社会，去解决日常生活中和其他学科学习中的问题，增强应用数学的意识；

（3）体会数学与自然及人类社会的密切联系，了解数学的价值，增进对数学的理解和学好数学的信心；

（4）具有初步的创新精神和实践能力，在情感态度和一般能力方面都能得到充分发展。

这四方面的目标是一个密切联系的有机整体，对人的发展具有十分重要的作用，它们通过知识与技能、过程与方法、情感态度与价值观三个分目标在每节课的教学中去实现的。

6. 新课程的教学评价 与传统的教学评价有什么不同？

新课程标准下的评价是给学生以自信的评价，是发现闪光点的评价；而传统的教学评价更强调分数，更强调对学生的甄别。

以往的评价，往往在阶段或整个学习结束后，进行一次书面测验或考试，其卷面分数就代表了学生的学习结果。

课程标准指出："学习的评价，既要关注学习结果，也要关注学习过程，以及情感、态度、行为的变化。"强调：

（1）评价功能从注重甄别与选拔转向激励、反馈与调整；

（2）评价内容从过分注重学业成绩转向注重多方面发展的潜能；

（3）评价技术从过分强调量化转向更加重视质的分析；

（4）评价主体从单一转向多元；

（5）评价角度从终结性转向过程性、发展性，更加关注学生的个别差异；

(6) 评价方式更多地采取诸如观察、面谈、调查、作品展示、项目活动报告等开放的及多样化的方式，而不仅仅依靠笔试的结果，更多地关注学生的现状、潜力和发展趋势。

(7) 新的评价方式力求评价指示简明、方法易行、具有可操作性。

7. 数学课程改革的基本理念是什么?

学习对生活有用的数学，学习对终身发展有用的数学，改变数学学习方式，构建开放式数学课程，构建基于现代信息技术的数学课程，建立学习结果与学习过程并重的评价机制。

(1) 义务教育阶段的数学课程应突出体现基础性、普及性、发展性，使数学面向全体学生。实现人人学有价值的数学，人人都能获得必需的数学，不同的人在数学上得到不同的发展。

(2) 数学是人们生活、劳动和学习必不可少的工具，能够帮助人们处理数据，进行运算、推理和证明，数学模型可以有效地描述自然现象和社会现象；数学为其他科学提供了语言、思考和方法，是一切重大技术发展的基础；数学在提高人的推理能力、抽象能力、想象力和创造力等方面有着独特的作用；数学是人类的一种文化。它的内容、思想、方法和语言是现代文明的重要组成部分。

(3) 学生的数学学习内容应当是现实的、有意义的、富有挑战性的，这些内容有利于学生主动地进行观察、猜测、验证、推理与交流等数学活动。内容的呈现应采用不同的表达方式，以满足多样化的学习需求。有效的数学学习活动不能单纯地依赖于模仿与记忆。动手实践、自主探索与合作交流是学生学习数学的重要方式。

(4) 数学活动必须建立在学生的认识发展水平和已有的知识、经验的基础之上。教师应激发学生的学习积极性，向学生提供充分从事数学活动的机会，帮助他们在自主探索和合作交流的过程中真正理解和掌握基本的数学知识与技能、数学思想和方法，获得广泛的数学活动经验。学生是数学学习的主人，教师是组织者、引导者与合作者。

（5）评价的主要目的是为了全面了解学生的数学学习历程，激励学生的学习和改进教师的教学；应建立评价目标多元、评价方法多样的评价体系。对数学学习的评价要关注学生学习的结果，更要关注他们学习的过程；要关注学生学习数学的水平，更要关注他们在数学活动中所表现出来的情感和态度。帮助学生认识自我，建立信心。

（6）现代教育技术的发展对数学的价值、目标、内容以及学与教的方式产生了重大的影响，数学课程的设计与实施应重视运用现代的信息技术，特别要充分考虑计算器、计算机对数学学习内容和方式的影响，大力开发并向学生提供更为丰富的学习资源，把现代信息技术作为学生学习数学和解决问题的强有力工具，致力于改变学生的学习方式，使学生乐意并有更多的精力投入到现实的、探索性的数学活动中去。

8. 数学新课程的内容框架、内容标准是什么？

为了实现数学课程目标，数学新课程安排了"数与代数"、"空间与图形"、"统计与概率"、"实践与综合应用（第三学段即初中安排了课题学习）"四个并列的学习领域。《初中数学课程标准》（本书以下简称《标准》）强调学生的数学活动，发展学生的数感、符号感、空间观念、统计观念，以及应用意识与推理能力，这些原本处于"隐性"状态的数学，在新课程中得到明显的体现，即将成为新的数学课程的主题。

四个领域各自涉及的内容及作用：

（1）"数与代数"包括数与式、方程与不等式、函数。它们都是研究数量关系和变化规律的数学模型，可以帮助人们从数量关系的角度更准确、清晰地认识、描述和把握现实世界。

（2）"空间与图形"的内容主要涉及现实世界中的物体、几何体和平面图形的形状、大小、位置关系及其变换，它是人们更好地认识和描述生活空间、并进行交流的重要工具。

（3）"统计与概率"主要研究现实生活中的数据和客观世界中的随机现象，它通过对数据收集、整理、描述和分析以及对事件发生可能性的刻画，来帮助人们作出合理的推断和预测。

（4）"实践与综合应用"将帮助学生综合运用已有的知识和经验，通过自主探索和合作交流，解决与生活经验密切联系的具有一定挑战性和综合性的问题，以发展他们解决问题的能力，加深对"数与代数"、"空间与图形"、"统计与概率"内容的理解，体会各部分内容之间的联系。

9. 如何改变数学学习方式？

首先我们要搞清楚为什么要改变数学学习方式。我们从现实状况和理论分析两个方面探讨这一问题。目前我国中学生的数学学习方式仍然存在以教师讲授为主、以书本内容为主的学习方式。而现代教育理论认为，学生是数学学习的"主体"不是"客体"。积极主动的数学学习，才是有效的数学学习。正如有人所说的那样："你可以把马牵到河边，但你永远无法强迫马饮水。"

（1）倡导多元的数学学习方式

按功能分类：基础性、拓展性、研究性数学学习方式。拓展性数学学习是为扩展知识视野而采取的学习方式，它主要培养发展性学力（自主学习、自我发展能力等），研究性数学学习是数学探究活动，它的主要目标是培养学生的创造性学力。

按内容分类：理论性、实践性数学学习方式。

按行为分类：自主性、互动性数学学习方式。

（2）重视数学研究性学习

研究性学习是指学生在教师指导下，从学习生活和社会生活中选择和确定研究专题，主动获得知识、应用知识、解决问题的学习方式。研究性学习的实施主要分为两种，课题研究类和项目活动类。

（3）遵循学生的心理发展规律

心理学告诉我们，初中学生逻辑思维开始优于直观形象思维，学生开始在较高的抽象的水平上发展他们的思维与推理能力，但直观形象思维的作用尚未减少，具体活动的经验仍然继续成为他们构建知识的重要手段。因此，数学学习材料的选取、呈现，应当较多地体现直观形象性。

初中学生的兴趣广泛而又相对地迅速变换，他们更多地关注数学学习内容中新奇、有趣的事实或现象。但也应注意到，初中学生开始有比较强烈的自我和自我发展意识，对与自己直观经验相冲突的现象，对有挑战性的任务很感兴趣。因此，既应当充分考虑到学生的实际生活背景和趣味性，又要安排诸如实地观察与调查，收集、整理、分析数学信息资料等活动，将学生置于探索者的位置，亲身体验现有知识的创造经历；及让学生感到学习数学是一件有意思的事情，又体验到学习数学的成功乐趣，提高他们运用数学知识解决现实世界中数学问题的信心和能力。因此，要改变学生数学学习方式，数学教师须注意研究与掌握学生的心理发展规律，在教学中采取适合学生的策略与模式。

10. 如何改变数学的教学方式？

教师是学生学习的组织者、引导者与合作者，学生学习方式的改变依托于教师教学方式的改变。树立正确的数学教学观，掌握合理的数学教学策略是进行教学改革、搞好数学教学的根本保证。

新课标在"教学建议"中指出：

（1）让学生经历数学知识的形成与应用过程。

（2）鼓励学生自主探索与合作交流。

（3）尊重学生的个体差异，满足多样化的学习需要。

（4）应关注证明的必要性、基本过程和基本方法。

（5）注重知识之间的相互联系，提高解决问题的能力。

（6）充分利用现代信息技术。

11. 什么是数学教学模式的开放性？

课程一般都是通过教学来实施的。其中，数学教学模式的运用至关重要。所谓数学教学模式是经过理论概括、赋予典型意义、能用图式表达、便于推广操作、具有开放性特征的教学范式。

数学教学模式的开放性是指在某个主导模式下的教学方法的多样性、兼容性、灵活性，也指多种模式的交叉性、互通性、变化性，包括活动的、讨论的、探究的、合作的、发现的、专题的、范例的（案例的）教学模式等，只要有利于生动活泼学数学，都可以在课程中应用。其目的是解放学生的脑，让其自由思考；解放学生的口，让其自由讲；解放学生的手，让其自由做。

为了适应数学课程改革，胜任全日制义务教育阶段的教学工作，数学教师要特别关注数学课程改革的基本趋势，对于数学课程的实施是极其重要的。新课程标准下的数学课程表现出新的特点和趋向是：

数学课程目标——着眼使学生具有作为一个公民所必需的数学科学素养；

数学课程内容——精选对学生生活及终身发展有价值的数学内容；

数学学习方式——倡导动手实践、自主探索和合作交流；

数学学习评价——关注学生在学习过程中的变化与发展。

"数与代数" 课例

在"数与代数"中，学生将学习实数、整式和分式、方程和方程组、不等式和不等式组、函数等知识，探索数、形及实际问题中蕴涵的关系和规律，初步掌握一些有效地表示、处理和交流数量关系以及变化规律的工具，发展符号感，体会数学与现实生活的紧密联系，增强应用意识，提高运用代数知识与方法解决问题的能力。

在教学中，应注重让学生在实际背景中理解基本的数量关系和变化规律，注重使学生经历从实际问题中建立数学模型，估计、求解、验证解的正确性与合理性的过程，应加强方程、不等式、函数等内容的联系，介绍有关代数内容的几何背景；应避免繁琐的运算。

绝对值（第二课时）

（七年级上 第一章 第二节 第四部分）

一、内容标准

借助数轴理解绝对值的意义，掌握求有理数的绝对值的方法（绝对值符号内不含字母）。

二、教材分析

本节是"有理数"这一章的第二节"有理数"这一小节的第四课时。"有理数"这章是第三学段教科书的第一章，前两个学段学过整数、分数（包括小数）的知识，即正有理数及 0 的知识，还学过用字母表示数的知识，这些都是学习这一章内容的基础。这章主要内容是有理数的有关概念及其运算。

绝对值是继有理数、数轴之后又一个新的概念，同时又是逻辑推理的初步和开始，其重要性体现在：一方面，定义从几何的角度给出，也就是从数轴上表示数的点在数轴上的位置出发，得到定义。而数轴的概念、画法，利用数轴比较数的大小及相反数的概念为本节内容奠定了基础；另一方面，在有理数运算以及后面根式内容中，都是以绝对值的知识为基础的，因此，本节内容具有承上启下的作用。从上节课学的相反数到本节的绝对值，使学生感知数学知识具有普遍的联系性。本节引入绝对值的概念，可以加深对有理数的认识：一个有理数由符号与绝对值确定。两个负数比较大小，有理数运算也要借助绝对值这个概念。

三、学情分析

学生已学过整数、分数（包括小数）的知识，及有理数与数轴的关系。绝对值的概念，主要是为有理数的运算作准备的。会求一个数的绝对值就达到要求了。而本课时，还涉及有理数的比较大小，要引导学生使用数轴这一实际工具，进行数形结合的思想培养，而不要死记硬背。

四、教学目标

目标类型	目标内容
知识与技能	1. 利用绝对值比较两个负数的大小。 2. 通过比较有理数的大小，掌握解决绝对值的简单问题。
过程与方法	通过应用绝对值解决实际问题，体会绝对值的意义和作用，感受数学在生活中的价值。通过联系绝对值的几何意义，渗透数形结合的思想。
情感、态度和价值观	通过学生之间的交流活动，培养主动与他人合作交流的能力。

五、教学重点和难点

重点：利用绝对值比较两个负数的大小。

难点：利用绝对值比较两个负数的大小，以及通过应用绝对值解决有理数运算等数学问题。

六、教学方法

本节课以教师引导，指导学生自主探究，利用数轴的直观性及与绝对值概念的结合，突出数学知识的内在联系与探究知识的方法，发展学生的理性思维，以及培养学生数形结合的数学能力。在本节课的最后，安排了拓展延伸的教学内容，充分拓展学生的视野，培养学生的学习习惯和自主学习能力，锻炼学生的综合素质。使学生利用自主学习的方式寻找答案，提出解决问题的措施，然后提出讨论评价。锻炼学生提出问题、解决问题和科技写作能力。

本课同时使用学案导学法。以学案教案为载体，以导学为方法训能达标的教学活动。优点是突出发挥学生的主体作用，突出学生的自学行为，注重学法指导，强化能力培养。有步骤地进行知识的建构，有助于配合教师开展课堂活动，并及时反馈教学效果。

七、教学过程

教学环节	教师活动	学生活动	设计意图
复习提问	问题1：绝对值的几何意义是什么？ 问题2：绝对值的代数意义是什么？	问题1：联系数轴这一实际工具。 绝对值的几何意义是数轴上这一数的点到原点的距离。 问题2：联系有理数的相关概念。 绝对值的代数意义是：正数和零的绝对值是它本身。负数的绝对值是它的相反数。	上节课，学习了绝对值的概念，首先通过提问来复习一下旧知识，为本节课做铺垫。
讲授新课：活动1（比较有理数大小）	前后两个同学，探究比较以下有理数的大小方法。 (1) $-(-0.3)$ 与 $\left\|-\dfrac{1}{3}\right\|$ (2) $-(-1)$ 与 $-(+2)$	(1) 通过化简发现 $-(-0.3)=0.3$（正数） $\left\|-\dfrac{1}{3}\right\|=\dfrac{1}{3}\approx0.333$（正数） 在运用以前学习的两个正数比大小的知识就可以解决了，即 $-(-0.3)<\left\|-\dfrac{1}{3}\right\|$ (2) 通过化简发现 $-(-1)=1$（正数） $-(+2)=-2$（负数） 我们知道正数大于负数，即 $-(-1)>-(+2)$	复习绝对值的概念之后，通过解决实际例题解决有理数的比较大小问题。

教学环节	教师活动	学生活动	设计意图
	(3) $-\dfrac{8}{21}$ 与 $-\dfrac{3}{7}$	(3) 方法一：这是两个负数比较大小，可以借助于数轴。通过画数轴，我们知道 $-\dfrac{8}{21}$ 在 $-\dfrac{3}{7}$ 的右边，即 $-\dfrac{8}{21} > -\dfrac{3}{7}$。 方法二：通过求绝对值 $\left|-\dfrac{8}{21}\right| = \dfrac{8}{21}$，$\left|-\dfrac{3}{7}\right| = \dfrac{3}{7} = \dfrac{9}{21}$，$\dfrac{8}{21} < \dfrac{9}{21}$，而原数又是负数，都在数轴的左侧，所以，$-\dfrac{8}{21}$ 在 $-\dfrac{3}{7}$ 的右边，$-\dfrac{8}{21} > -\dfrac{3}{7}$。	
活动2（总结两个负数比较大小的步骤）	步骤： (1) 分别求出每个数的绝对值； (2) 比较绝对值的大小； (3) 根据绝对值大的负数反而小确定两个负数的大小。	在数轴上右边的数总比左边的数大，因此，我们如果抛开数轴，两个负数比大小时，绝对值大的负数，远离原点，因此反而小。	实际例题之后，总结比较负数大小的步骤，理清一下学生思路，有助于今后的练习。
活动3（学生独立完成练习）	(1) $-\dfrac{11}{12}$ 与 $-\dfrac{12}{13}$	（1）通过求绝对值 $\left|-\dfrac{11}{12}\right| = \dfrac{11}{12} = \dfrac{143}{156}$，$\left|-\dfrac{12}{13}\right| = \dfrac{12}{13} = \dfrac{144}{156}$，$\dfrac{143}{156} < \dfrac{144}{156}$，而原数又是负数，都在数轴的左侧，所以，$-\dfrac{11}{12} > -\dfrac{12}{13}$。	通过以上总结，使学生独立完成以下有理数的比较大小问题，检验一下学习效果。

教学环节	教师活动	学生活动	设计意图
	(2) $-\dfrac{7}{8}$ 与 $-\dfrac{8}{9}$	（2）通过求绝对值 $\left\|-\dfrac{7}{8}\right\| = \dfrac{7}{8} = \dfrac{63}{72}$，$\left\|-\dfrac{8}{9}\right\| = \dfrac{8}{9} = \dfrac{64}{72}$，$\dfrac{63}{72} <$ $\dfrac{64}{72}$，而原数又是负数，都在数轴的左侧，所以，$-\dfrac{7}{8}$ $> -\dfrac{8}{9}$。	
	(3) $-3\dfrac{1}{3}$ 与 -3.3	（3）通过求绝对值 $\left\|-3\dfrac{1}{3}\right\| = 3\dfrac{1}{3} \approx 3.333$，$\left\|-3.3\right\| = 3.3$，$3.333 >$ 3.3，而原数又是负数，都在数轴的左侧，所以，$-3\dfrac{1}{3} < -3.3$。	
	(4) $-\|-2.7\|$ 与 $-2\dfrac{2}{3}$	（4）通过求绝对值 $\left\|-\|-2.7\|\right\| = 2.7$，$\left\|-2\dfrac{2}{3}\right\| = 2\dfrac{2}{3} \approx 2.67$，$2.7 > 2.67$，而原数又是负数，都在数轴的左侧，所以，$-\|-2.7\| < -2\dfrac{2}{3}$。	
总结本课	（1）比较有理数的大小可以采用数形结合的办法联系数轴。 （2）比较两个负数大小的步骤。		教师总结本课的知识要点。

教学环节	教师活动	学生活动	设计意图
拓展延伸：既呼应了前面内容，又升华了绝对值的概念。	例1：(1) 如图：比较 a，$-a$，1 的大小。 ![数轴 a 0 1] (2) 如图：比较大小。 ![数轴 b a 0] ① $\lvert b\rvert$ 与 $-a$　② $\lvert a\rvert$ 与 $-b$ ③ b 与 a　④ $\lvert a\rvert$ 与 $\lvert b\rvert$	画数轴解决： ![数轴 a 0 1 -a] ![数轴 b a 0 -a -b]	渗透数形结合的数学思想。这一环节是对绝对值的几何定义的巩固。与数轴相结合，始终利用表示这数的点到原点的距离是这个数的绝对值这一概念。
	例2：$\lvert 3.14 - \pi\rvert =$ ____。	比较 $3.14 < \pi$，所以 $3.14 - \pi < 0$，所以原式 $= \pi - 3.14$	此题是比较大小的另一种应用，通过去绝对值的运算，可以检验学生比较大小的知识。这样既理解了有理数比较大小的方法，又巩固了绝对值的定义。
	例3：已知 $\lvert x\rvert =7$，$\lvert y\rvert =12$，且 $x > y$，求 $x + y$。	因为 $\lvert x\rvert =7$，所以 $x = \pm 7$；因为 $\lvert y\rvert =12$，所以 $y = \pm 12$； 又因为 $x > y$，所以 $x = 7$，$y = -12$，从而 $x + y = -5$，或 $x = -7$，$y = -12$，从而 $x + y = -19$。	去绝对值的题是运算中的常见题，而学生最容易忽略符号。而且通过此题可以提醒学生对于"一题多解"的考虑。

八、反思

勤于思考，善于思考，是学好数学的必要条件。本课采用小组合作与交流的方式，使学生自由发挥，从而达到自主探究有理数比较大小的教学目的，学生能在师与生、生与生之间充分地交流，在交流中学习知识，并加深对知识的理解以及运用，也为之后总结两个负数比较大小埋下伏笔。

为了培养学生的自主人格和主动学生的能力，在本节课的教学中进行了"学案导学法"的实践。学生在"学案"的引导下开展学习活动，实现了"教为主导，学为主体，学会和会学，个性发展与全面发展"相统一的侧重指导学生自主学习的教学方法。

九、点评

本节课既承接绝对值的几何意义和代数意义的内容，利用数轴的直观性，帮助学生理解绝对值的概念，掌握比较有理数大小的方法，又为进一步学习有理数的运算打下基础。本章主要内容是有理数的有关概念及其运算。引入绝对值的概念，可以加深对有理数的认识。尤其是两个负数比较大小，有理数运算也要借助绝对值这个概念。并且教师不断以新问题激发学生的学习兴趣，突出了学生的主体地位，教学效果较好，还为学生留有拓展思考空间，满足不同学情学生的学习需求。同时，注重数形结合这一数学思想的渗透，有助于学生今后的学习。

本节课强调以学生为中心，将学生由知识的灌输对象转变为信息加工的主体、知识意义的主动建构者；将教师由知识的传授者转变为学生主动建构意义的帮助者、促进者；教师在本节教学过程中有全新的教学方法和全新的教学设计。

解一元一次方程（二）——去分母

（七年级下　第三章　第三节）

一、内容标准

能根据具体问题中的数量关系，列出一元一次方程，体会方程是刻画现实世界的一个有效的数学模型，重点讨论去分母的一元一次方程。

二、教材分析

使学生经历建立一元一次方程组这种数学模型，并应用它们解决实际问题的过程，是贯穿全章的中心问题。体会一元一次方程的解法，掌握解一元一次方程的一般步骤，并会灵活运用各种简便方法解决各种特殊的一元一次方程。

三、学情分析

学生已经学过移项、去括号解决一元一次方程，教学中需要继续复习。提醒学生注意去括号时符号的变化规律，提高运算能力。结合解具体方程的过程，继续让学生思考新出现的步骤的作用，这样做可以反复巩固"解方程就是要使方程不断向 $x = a$ 的形式转化"的化归思想，引导学生联系解方程的具体目标体会相应步骤的合理性和必要性。同时培养学生的分析能力、计算能力，渗透化归思想。

四、教学目标

目标类型	目标内容
知识技能	1. 掌握解一元一次方程中"去分母"的方法，并能解此类型的方程。 2. 了解一元一次方程解法的一般步骤。
数学思考	1. 通过去分母，体会转化、化归的数学思想方法。 2. 通过归纳一元一次方程解法的一般步骤，体会解方程的程序化的思想方法。
解决问题	经历"把实际问题抽象为方程"的数学建模过程，发展用方程方法分析问题、解决问题的能力。
情感态度	1. 通过具体情境引入新问题（如何去分母），激发学生的探究欲望。 2. 通过埃及古题的情境感受数学文明。

五、教学重点和难点

重点：通过去分母解一元一次方程。

难点：探究通过去分母的方法解一元一次方程。

六、教学方法

本课以旧知识为起点，问题为主线，在教师指导下学生自主探究为基本方式，突出数学知识的内在联系与探究知识的方法，发展学生的理性思维。

七、教学过程

教学过程	教师活动	学生活动	设计意图
活动1 纸莎草文书中记载的一个著名的求未知数的问题。一个数，它的2/3，它的1/2，它的1/7，它的全部，加起来总共是33。 问题（1）：能不能尝试用方程来解决这个问题？ 问题（2）：能尝试解这个方程吗？ 问题（3）：不同的解法各有什么特点？ 问题（4）：对于第二种思路的解决过程是否唯一？	教师：出示幻灯片，提出问题。 教师：归纳总结。 教师：展示学生的不同解法。 教师：给出本节课的课题。	学生：独立思考回答问题。 学生：尝试用已学知识独立解方程。 学生：对比不同解法，取得共识。 学生：语言表述自己的解法及解法的依据。	利用方程思想解决实际问题，再一次让学生感受方程的优越性，提高学生主动使用方程的意识。 经过同一方程不同解法的分析，使学生感受了去分母的便捷，同时理解去分母的目的和理论依据，从而使学生能主动参与探究，得出去分母的一般做法。 同时在交流过程中，可使学生提高语言表达能力。
活动2 解方程 $\dfrac{3x+1}{2} - 2 = \dfrac{3x-2}{10} - \dfrac{2x+3}{5}$ 问题（1）：对比活动1中的方程，两个方程有何异同点？	教师：出示方程，提出问题。	学生：独立思考并回答问题，动手实践。	为使问题讨论更加全面，本题将作为活动1的延续，完善去分母的方法及注意事项。

教学过程	教师活动	学生活动	设计意图
问题（2）：对于具备相同点的这两个方程是否可用一样的方法解决呢？请同学们尝试一下。	教师：巡视学生的解题过程并发现问题。	学生：分组交流，互相纠错，分析错误原因，找到正确方法。	通过学生间互相纠错，加深对去分母的认识，避免自己出现类似错误。
问题（3）：请同学们分组交流自己的做法，分析正误，找到错误根源，归纳正确方法。	教师：对学生的结论归纳总结，得出规范、正确的方法，以及避免出错的办法。	学生：独立完成解题过程，并由一位同学板书。	去分母后方程化为已学的形式，使知识自然衔接，使学生在学习中体会转化、化归的数学思想。
活动3 疏理活动2中的解题过程，思考解一元一次方程的一般步骤是什么，并带着这个问题独立解方程： $$3x + \frac{x-1}{2} = 3 - \frac{2x-1}{3}$$	教师：提出问题，巡视、指导。 师生共同归纳结论。	学生：带着问题独立解方程 学生：讨论交流各自想法，互相补充思维中不严密、不完善的地方。	实践加深对去分母方法的认识。 归纳总结解一元一次方程的一般步骤。
活动4 问题（1）：我们得到了解一元一次方程的一般步骤，那么它是否为解所有一元一次方程必须经历的、固定的过程呢？带着这个问题研究以下几个方程： $(1)\ \frac{11}{9}x + \frac{2}{7} = \frac{2}{9}x - \frac{5}{7}$ $(2)\ \frac{3}{8}\left(\frac{8}{3}x + 4\right) = 1$	教师：提出问题。	学生：带着问题解方程并独立思考。 学生：在独立思考的基础上，交流讨论得出：解方程要先观察方程特点，根据不同特点，选取恰当、简便的方法，不能生搬硬套。	复习巩固、提升总结本节课的知识，使学生学会总结反思。让学生理解解方程的步骤不是固定不变的，而是可以根据不同的问题灵活改变顺序。

教学过程	教师活动	学生活动	设计意图
(3) $\frac{2}{3}\left[\frac{3}{2}\left(\frac{1}{4}x-\frac{1}{2}\right)\right]-2=x$ (4) $\frac{x}{1\times2}+\frac{x}{2\times3}+\cdots+\frac{x}{2007\times2008}=2007$ 问题（2）：通过本节课的学习你学会了什么？			学生：根据自己的不同层次回答学会的知识。
活动5 布置作业： 1. 教科书 102 页 3、4、5 2. 探索多种解法题：教科书 103 页 12 题。	教师布置作业。	学生完成作业。	第一题为复习巩固题，已达到对所学知识的掌握。第二题为巩固提升题，以提高学生分析问题、解决问题的能力。

八、反思

本课从古埃及纸莎草文书说起，这是能反映古埃及文明的一件珍贵文物，有着丰富的教学内容，这样选材可以起到介绍悠久的数学文明的作用。教学内容难度适中，更适合于学生互动探究学习，教师在充分指导学生的同时，应赋予他们更大的自主性，留给学生更多的思维空间，可以将学生分组，采用小组合作的方式进行探究，使学生在师生互动、生生互动的过程中充分地交流，并加深对知识的理解和灵活的应用。

九、点评

本节课的教学思路清晰，教师使问题从情境中来，回到情境中去，不断以新问题激发学生的探究兴趣，给予学生充足的思考与探究的时间，同时对学生的活动给予充分、有效的指导，知识巩固练有反馈，教学效果突出，还为学生留有课后拓展的思考空间，满足不同学情学生的学习需求。同时，注重数学思想、数学文化的渗透。

二元一次方程组

（七年级下　第八章　第一节）

一、内容标准

1. 能够根据具体问题中的数量关系列出方程，体会方程是刻画现实世界的一个有效的数学模型。

2. 掌握代入消元法和加减消元法，会解简单的二元一次方程组。

二、教材分析

方程有着广泛的应用，在初中的数学课程中占有很重要的地位。在本章之前，学生学习过一元一次方程，通过和一元一次方程的比较，可以加强学生的类比的思想方法。而且本节的开始，是从一个实际问题入手，引导学生找出等量关系，得到相关方程，这也为今后"实际问题与二元一次方程组"这一节的学习打下基础。

三、学情分析

本节首先从一个篮球联赛中的实际问题入手，在此之前，学生已经学习过一元一次方程的内容，学生可以设一个未知数为 x，并用含有的式子表示另一个未知数 y，根据问题中的等量关系列出一元一次方程。在这种情况下，引导学生直接用 x 和 y 表示两个未知数，并进一步表示问题中的两个等量关系，得到两个相关的方程。然后，以这两个具体方程为例，让学生体验二元一次方程、二元一次方程组的特征，归纳出二元一次方程组及其解的概念，并估算简单的二元一次方程（组）的解。通过探究实际问题，可以体会数学的应用价值，提高分析问题、解决问题的能力。

四、教学目标

目标类型	目标内容
知识与技能	（1）能说出二元一次方程、二元一次方程组和它的解的概念，会检验所给的一组未知数的值是否是二元一次方程、二元一次方程组的解； （2）通过实例认识二元一次方程、二元一次方程组都是反映数量关系的重要数学模型； （3）能设两个未知数并列方程组表示简单实际问题中的两种相关的等量关系。
过程与方法	通过在实际情景中对二元一次方程及方程组的解的探究过程，提高学生分析、解决方程问题的能力。
情感、态度和价值观	通过本节课的学习使学生了解数学知识的连贯性，初步形成数学知识树；通过篮球比赛这个实际例子的引入，引起学生学习的兴趣，激发学生想要学习、想要计算的欲望。

五、教学重点和难点

重点：二元一次方程、二元一次方程组、二元一次方程组的解，以及检验一对数值是不是某个二元一次方程组的解。

难点：二元一次方程组的解的概念，弄清对于一个二元一次方程，只要给出其中任一个未知数的取值，就必定能找到适合这个方程的另一个未知数的值，进一步理解二元一次方程有无数个解，以及二元一次方程组（未知数的个数与独立等量关系个数相等）有唯一确定的解。

六、教学方法

本课采用问题探究式教学方法。实际问题的引入，反映出方程（组）

来自实际又服务于实际，加强对方程（组）是解决现实问题的一种重要数学模型的认识，并且体现出方程（组）在解决实际问题中的工具作用，实际上是在渗透建立模型的思想。

本课同时使用学案导学法，有步骤地进行知识的建构，有助于配合教师开展课堂活动，并及时反馈教学效果。

七、教学过程

教学环节	教师活动	学生活动	设计意图
复习引入	什么叫方程？什么叫方程的解和解方程？你能举一个一元一次方程的例子吗？我们来看一个问题： 篮球联赛中，每场比赛都要分出胜负，每队胜 1 场得 2 分，负 1 场得 1 分。某队为了争取较好名次想在全部 22 场比赛中得到 40 分，那么这个队胜负场数应分别是多少？	回答老师提出的问题并自由举例。	学生头脑中再现有关一元一次方程的知识，为学习二元一次方程做铺垫。通过引例的学习，使学生认识数学是根据实际的需要而产生发展的观点。
活动 1	提问：是不是用学过的知识可以解决这一问题？	设一个未知数为 x，并用含有 x 的式子表示另一个未知数，根据问题中的等量关系列出一元一次方程。	借助以前学过的一元一次方程为工具，再转向使用二元一次方程组解决这一问题，使学生在知识方面可以衔接好。
	以上问题包含了哪些必须同时满足的条件？设胜的场数是 x，负的场数是 y，你能用方程把这些条件表示出来吗？这里所说的条件，是等量关系。	胜的场数 + 负的场数 = 总场数，胜场积分 + 负场积分 = 总积分，这两个条件可以用方程：$x+y=22$，$2x+y=40$ 表示。	进入主题。

教学环节	教师活动	学生活动	设计意图
	每个方程都含有两个未知数（x 和 y），并且未知数的指数都是1，像这样的方程叫做二元一次方程。 这两个方程有什么特点？与一元一次方程有什么不同？	根据方程的形式，特别是其中未知数的形式给出的，对照一元一次方程的定义，理解这种定义方式以及两种方程的区别与联系。	给出二元一次方程的定义，并且与一元一次方程进行比较，便于学生区分，以及理解新概念。
	注意： 1. 定义中未知数的项的次数是1，而不是指两个未知数的次数都是1。 2. 二元一次方程的左边和右边都应是整式。		区分二元一次方程的定义中容易被忽视的内容。
反馈巩固1	判断下列方程是否为二元一次方程，并说明理由。 ①$3x+2y$ ②$4x-y=7$ ③$x^2+y=6$ ④$3x=xy+2$ ⑤$3x-4y=z$ ⑥$\dfrac{2}{x}-1=3y$	共同练习。（自主完成，小组交流，教师点拨）	学生已经知道了什么是二元一次方程，通过下面完成练习进行检验。
活动2	上面的问题中包含两个必须同时满足的条件，也就是未知数 x、y 必须同时满足方程 $x+y=22$ ① 和 $2x+y=40$ ②把这两个方程合在一起，写成 $\begin{cases} x+y=22 \\ 2x+y=40 \end{cases}$	由于问题中包含两个必须同时满足的条件（等量关系），所以未知数 x，y 必须同时满足方程①、②，也就是说，我们要解出的 x，y 必须是这两个方程的公共解。	借助于上面的引例，做进一步的分析，为二元一次方程组的概念做铺垫。
	把两个二元一次方程合在一起，就组成了一个二元一次方程组。	这里给出二元一次方程组的概念，两个二元一次方程合在一起就组成二元一次方程组。	给出二元一次方程组的定义。

教学环节	教师活动	学生活动	设计意图
反馈巩固2	已知 x、y 都是未知数，判别下列方程组是否为二元一次方程组？ ① $\begin{cases} x+3y=4 \\ 2x+5y=7 \end{cases}$ ② $\begin{cases} xy=2 \\ x+y=3 \end{cases}$ ③ $\begin{cases} x+y=5 \\ y=7+z \end{cases}$ ④ $\begin{cases} 5y=15 \\ 3x+2y=8 \end{cases}$	共同练习（自主完成，小组交流，教师点拨） 特别地，$\begin{cases} x=2 \\ x+y=4 \end{cases}$，和 $\begin{cases} x=1 \\ y=2 \end{cases}$ 这样的方程组也是二元一次方程组。	学生已经知道了什么是二元一次方程组，通过下面完成练习进行检验，以及个例的区分。
活动3	满足方程 $x+y=22$①，且符合实际的意义的 x，y 的值有哪些？把它们填入表中。 $\begin{array}{\|c\|c\|c\|c\|c\|c\|c\|c\|c\|} \hline x & & & & & & & & \\ \hline y & & & & & & & & \\ \hline \end{array}$	由于要考虑实际意义，所以满足方程①的未知数的值有23对（未知数为 0～22 的整数）。	让学生通过对具体数值代入方程的过程，感受到满足一个二元一次方程的未知数的值有许多对。
	上表中哪对 x，y 的值还满足方程 $2x+y=40$②？ 是满足方程的一对数值，即 $\begin{cases} x=a \\ y=b \end{cases}$，一个二元一次方程有无数多解，但是并不是说任意一对数值都是它的解。	$x=18$，$y=4$ 既满足方程①，又满足方程②，也就是说它们是方程①与方程②的公共解。把 $x=18$，$y=4$ 叫做二元一次方程组 $\begin{cases} x+y=22 \\ 2x+y=40 \end{cases}$ 的解，这个解通常记作 $\begin{cases} x=18 \\ y=4 \end{cases}$。	巩固二元一次方程的解的概念
	二元一次方程组的两个方程的公共解，叫做二元一次方程组的解。	二元一次方程组的解，既是方程第一个方程的解，又是第二个方程的解。	给出二元一次方程组的解的定义。
总结本课	(1) 了解二元一次方程、二元一次方程组和它的解的含义。 (2) 会检验一对数值是不是某个二元一次方程组的解。		教师总结本课的知识要点。

八、反思

本节课的设计注意加强了学生学习的主动性和探究性。本节开始设了一个实际问题,引导学生从身边的问题研究起,容易激起学生对数学的兴趣。使学生经历建立二元一次方程组这种数学模型并应用它们解决实际问题的过程,体会方程组的特点和作用,掌握运用方程组解决问题的一般方法,提高分析问题、解决问题的能力,增强创新精神和应用数学的意识,这也是本章的中心任务。并且尽可能多地进行数学活动和互相交流,使学生在主动学习、探究学习的过程中获得知识,培养能力。

九、点评

涉及求多个未知数的问题是普遍存在的,而方程组是解决这些问题的有力工具。本章在学生对一元一次方程已有认识的基础上,对二元一次方程组进行讨论,并在二元一次方程组的基础上,学习讨论三元一次方程组及解法。由此为今后进一步学习不等式组以及二次函数奠定基础。本节使学生经历构建二元一次方程组这种数学模型并应用它们解决实际问题的过程,体会方程组的特点和作用,掌握运用方程组解决问题的一般方法,提高分析问题、解决问题的能力,增强创新精神和应用数学的意识。由于含有两个以及多个未知数的实际问题中数量关系比较多,在某些问题中数量关系比较隐蔽,所以列方程组表示问题中的数量关系通常是教学中的难点。

第二章 『数与代数』课例

平方根（第一课时）

（八年级上　第十三章　第一节）

一、内容标准

1. 了解平方根、算术平方根的概念，会用根号表示数的平方根、算术平方根。

2. 了解乘方与开方互为逆运算，会用平方运算求百以内整数的平方根。

3. 了解二次根式、最简二次根式的概念，了解二次根式加、减、乘、除运算法则，会用它们进行有关实数的简单四则运算。

二、教材分析

对于有理数和实数，本套教材安排三章内容，分别是七年级上册第一章"有理数"，八年级上册第十三章"实数"和九年级上册第二十一章"二次根式"。本节是在有理数的基础上学习平方根的概念和求法。虽然本节的内容不多，但在中学数学中占有重要的地位，不仅是后面学习二次根式等知识的基础，也为学习高中数学中不等式等知识做好准备。

三、学情分析

学生已经学过有理数的基本概念，在此基础上，本节学习平方根的基本概念和求法，并且有实际问题的引入，培养学生的分析能力、计算能力，渗透分类讨论的思想。本课主要是在算术平方根的基础上建立平方根的概念，要以等式 $x^2 = a$ 和已有算术平方根概念为基础，并使学生明确平方根与算术平方根之间的联系与区别，明确开平方与平方之间的互逆关系，把握了这些平方根的有关概念，正数、零、负数的平方根的规律也就不难掌握了。另外，有关求算式的值的问题，一定要使学生体会到这个算式所表示的具体意义，这样才能使学生在本质上掌握其求法。

四、教学目标

目标类型	目标内容
知识与技能	1. 掌握平方根的概念以及平方根和算术平方根之间的联系和区别。 2. 正确掌握表示一个数的平方根的方法。 3. 理解开方运算和乘方运算之间的互逆关系。
过程与方法	让学生通过观察、思考、讨论等探究活动归纳得出结论的探究式教学方法。
情感、态度和价值观	本节课从实际出发，先分析算术平方根，再讲平方根，加强联系实际，使学生体会数学在实际生活的应用。

五、教学重点和难点

重点：算术平方根和平方根的概念和求法以及表示形式。

难点：平方根的概念和求法。

六、教学方法

本课采用探究式的教学方法。引导学生观察、思考，通过讨论交流等活动，归纳得出结论，这样就可以让学生通过探究活动经历一个由特殊到一般的认识过程，在探究过程中发展思维能力，从而有效改变学习方式。并且注重提供探究式学习方法和学习策略指导，促发学生的自主学习能力和意识，同时要促进学生问题意识和创新意识的发展，引导学生的主动探索和积极思考，防止对学生思维的不当约束。

本课同时使用学案导学法，有步骤地构建知识的体系。学案是指导学生建构知识的学习方案，有助于配合教师开展课堂活动，并及时反馈教学效果，梳理知识结构体系，使学生能够明确意识到新旧知识之间的相互联系，提供相关知识介绍和实践应用情况的介绍，促进学生从多方面、多角度进行知识体系的主动建构，促使学生认识到所学知识本身的价值；并且通过创设一种实际的学习和问题情景，使学生懂得意识到所学知识在解决具体问题时的作用和价值。

七、教学过程

教学环节	教师活动	学生活动	设计意图
创设情境：通过对实际生活中问题的解决，让学生体验数学与生活实际是紧密联系着的。	问题（1）：想得到一块面积为 25cm^2 的纸，这张纸的边长应是多少？	因为 $5^2 = 25$，所以纸的边长应是5cm。	创设实际问题的情境，抽象出这个情境中的数学问题。
活动1 新知：算术平方根的概念	如果一个正数 x 的平方等于 a，即 $x^2 = a$，那么这个正数 x 叫做 a 的算术平方根。a 的算术平方根记为 $\sqrt{a}$，读作"根号 a"，a 叫做被开方数。	熟悉新名称，通过小组提问的形式抽查掌握情况。	给出新概念，强调本节课第一个重点。
	定义中只提到正数，那么我们学过的其他数呢？	负数没有算术平方根。0的算术平方根是0。	逐步渗透分类讨论的思想。

教学环节	教师活动	学生活动	设计意图
活动2 练习	求下列各数的算术平方根: (1) $\frac{4}{25}$ (2) 100 (3) 0.0001	学生自主完成, 共同交流, 教师点拨。	进一步理解算术平方根的 概念。
活动3	问题(2): 如果一个数的 平方是9, 这个数是什么?	这样的数有两个, 因为3^2 $=9$, $(-3)^2=9$, 所以它 们是±3。	提出数学问题, 进入本节课 正题。这个思考题是引入平 方根概念的切入点, 要让学 生有充分的时间进行思考和 体验。
	如果一个数的平方等于a, 那么这个数就叫做a的平方 根或二次方根, 即: $x^2=a$, x叫做a的平方根。 求一个数的平方根的运算, 叫做开平方。 所以平方与开平方互为逆 运算。	例如: 3的平方等于9, 9 的平方根是3。	给出新知: 平方根的概念, 强调本节课的另一重点。
活动4 练习	求下列各数的平方根: (1) $\frac{9}{16}$ (2) 100 (3) 0.25 平方根和算术平方根两者有 区别又有联系, 提醒学生区 别基本概念, 看清题目	自主完成, 教师点拨。	给学生充足的时间和空间, 理解和感知算术平方根概 念, 通过小组间的讨论、交 流, 释疑解难, 提出共同的 问题, 使学生的自主性和合 作性得到很好的发展, 教学 目标得到很好的落实。
活动5	要求 正数有两个平方根, 它们互 为相反数; 0的平方根是0; 负数没有平方根。	正数平方根有两个, 而算 术平方根只有一个; 联系在 于正数的负平方根是其算 术平方根的相反数, 可以根据 它的算术平方根立即写出它 的负平方根。	总结各类数的平方根情况, 理清楚平方根的概念。通过 讨论, 使学生对有理数的平 方根有一个全面的认识。也 是平方根概念的进一步深 化。体验分类思想, 巩固平 方根概念。

第二章 『数与代数』课例

教学环节	教师活动	学生活动	设计意图
活动6 反馈巩固 平方根的 求法	求下列各式的值： (1) $\sqrt{144}$ (2) $-\sqrt{0.81}$ (3) $\sqrt{56^2}$ (4) $\pm\dfrac{\sqrt{121}}{\sqrt{196}}$	小组交流，相互协作完成。	让学生明白各式所表示的意义；根据平方关系和平方根概念的格式书写解题格式。平方根和算术平方根的概念是本章重点内容，两者既有区别又有联系。区别在于正数的平方根有两个，而它的算术平方根只有一个；联系在于正数的负平方根是它的算术平方根的相反数，根据它的算术平方根可以立即写出它的负平方根，因此我们可以利用算术平方根来研究平方根。
活动与探究	1. 一个正方形的面积变为原来的 n 倍时，它的边长变为原来的多少倍？ 2. 一个正方形的面积为原来的 100 倍时，它的边长变为原来的多少倍？ 鼓励学生进行探索和交流，培养他们的创新意识和合作精神。	设原来的正方形边长为 a ，面积为 s_1 ，后来的正方形面积为 s_2 。 1. $s_1 = a^2$ ，$s_2 = na^2$ $\therefore$ 后来的边长（$\sqrt{n}a$）为原来边长的 $\sqrt{n}$ 倍。 2. $s_1 = a^2$ ，$s_2 = na^2$ $\therefore$ 后来的边长 $10a$ 为原来边长的 10 倍。	加深概念的理解与应用，提高学生的思维水平。
总结本课	1. 什么叫一个数的算术平方根和平方根？ 2. 正数、0、负数三类的平方根有什么规律？ 3. 怎样求一个数的平方根？		总结本课知识要点。

八、反思

本节讨论了平方根的概念、求法等有关平方根的内容，探讨了实数的平方根的特征，使学生正确理解平方根的概念的意义和平方根的表示法。并归纳出"正数的平方根有两个，它们互为相反数，0 的平方根是 0，负数没有平方根"等这些数的平方根的特征。并且有实际问题的引入，培养学生的分析能力、计算能力，以及渗透分类讨论的思想。

九、点评

本章第一节是平方根，先研究算术平方根，再研究平方根。引导学生建立清晰的概念系统，首先创设一个问题情境。通过对这类问题的探讨，引出算术平方根，给出算术平方根以及平方根的概念以及符号表示。开平方运算与平方运算是互逆运算，本节通过实际例题分析了这两种运算的互逆过程，这样就可以在探究过程中发展思维能力，从而有效改变学的学习方式。而且编选了有针对性的、有梯度的、形式多样的课堂练习题，让学生在练习中巩固和加深知识的理解和掌握，促使学生尽快地把新知识纳入到自己原有的认知结构中。在课堂练习中分别设计了一组求平方根和算术平方根的练习题，实践表明，这种课堂练习是引导学生正确认知的一种有效方法。

第二章 『数与代数』课例

平均数（第一课时）

（八年级下　第十八章　第一节）

一、内容标准

理解平均数的意义，会计算中位数、众数、加权平均数，了解数据的集中程度。

二、教材分析

统计中常用的平均数有算术平均数（简单算术平均数和加权平均数）、调和平均数、几何平均数等。根据《标准》的要求，本章着重研究了加权平均数。本章第18.1节开始，首先给出一个农业方面的实际问题，要求根据问题中提供的数据计算人均耕地面积，这是一个计算加权平均数的问题。教科书没有直接给出利用加权平均数解决问题的做法，而是设置了一个讨论栏目，给出一种学生中常见的一种错误做法，让学生讨论这种做法，通过讨论发现错误，找到产生错误的原因，借此给出正确的解法，引进加权平均数的概念。通过比较解决这个实际问题的正确与错误的解法，也使学生对"权"的意义和作用有所体会。"权"的重要性在于它能够反映数据的相对"重要程度"，为了更好的说明这一点，教科书安排了两个例题，从不同方面体现"权"的作用，使学生更好地理解加权平均数。

三、学情分析

本节课的主要内容是加权平均数。根据《课程标准》的要求，对于平均数等统计量，学生在前两个学段已经有所认识，本节在研究数据的集中趋势的大背景下，在系统整理前两个学段相关内容的基础上，学习加权平均数，提高对这些统计量的认识，达到《课程标准》对本学段的要求。通过本节的学习，应使学生进一步理解平均数等统计量的统计意义，会计算加权平均数，理解"权"的意义，能选择适当的统计量表示数据的集中趋势。

四、教学目标

目标类型	目标内容
知识与技能	1. 认识和理解数据的权及其作用。 2. 通过实例了解加权平均数的意义，会根据加权平均数的计算公式进行有关计算。
过程与方法	1. 通过对加权平均数的学习，体会数据的权的作用，学习统计的思想方法。 2. 会利用加权平均数解决实际问题。
情感、态度和价值观	通过加权平均数的学习，进一步认识数学与人类生活的密切联系，感受数学结论的确定性，激发学生学好数学的热情。

五、教学重点和难点

重点：加权平均数的概念以及运用加权平均数解决实际问题。
难点：对数据的"权"的概念及其作用的理解。

六、教学方法

在教学过程中，渗透类比的数学思想方法，让学生经历数学学习过程，体会数据的"权"及其作用，体验运用加权平均数解决实际问题的乐趣，培养学生的学习兴趣，通过反思让学生建构知识、内化知识。

七、教学过程

教学流程	教师活动	学生活动	设计意图
活动1 某市三个郊县的人数及人均耕地面积如下表：教科书第126页。 问题： (1) 这个市郊县的人均耕地面积与哪些因素有关？它们之间有何关系？ (2) 这个市郊县的总耕地面积和总人数分别是多少？你能算出这个市郊县的人均面积吗？ (3) 小明同学求得这个市郊县的人均耕地面积为 $x = \dfrac{0.15 + 0.21 + 0.18}{3} = 0.18$ 公顷。你认为小明的做法有道理吗？为什么？ (4) 加权平均数和数据的权的意义分别是什么？你能否从小明的计算结论中体会数据的"权"的作用？ (5) 若三个数 x_1、x_2、x_3 的权分别为 ω_1、ω_2、ω_3，则这3个数的加权平均数如何表示？若 n 个数 x_1，x_2，…，x_n 的权分别为 ω_1，ω_2，…，ω_n，则这 n 个数的加	教师展示问题情境，提出问题 (1)，学生分析、思考，得出人均耕地面积与总面积和人口总数有关，三者之间的关系为：人均耕地面积 $= \dfrac{\text{总面积}}{\text{人口总数}}$，在活动中，教师重点关注学生对人均耕地面积是否准确把握。 教师提出问题 (2)，学生计算出这个市郊县的总耕地面积及人口总数，从而算出人均耕地面积约为0.17公顷。在活动中，重点关注学生列出的式子是否正确，其单位是否准确。 教师提出问题 (3)，让学生展开讨论，教师参与并指导。 在活动中，教师重点关注学生是否明确由于各郊县人数的不同，各郊县的人均耕地面积对这个市郊县的人均耕地面积的影响也不同。	在教师的指导下，积极思考解答。	通过问题 (1) 让学生明确人均耕地面积、总面积和人口总数三者之间的关系，同时让学生感受到用已学过的平均数的公式难以解决新的问题。 通过问题 (2)，让学生独立正确地列出算式，从而算出结果，解决问题，经过解题过程让学生获得成功的体验。 通过问题 (3) 的讨论、分析，让学生意识到用已学过的计算平均数的方法解决不了新的问题，需要验研究的方法，解决新问题。 通过具体问题明确加权平均数和数据的权的意义，通过反思小明的计算错误，让学生初步体会数据的"权"的作用。 通过从特殊到一般的认识过程，让学生自己实现知识的建构，通过用类比的方法归纳出 n 个数的加权平均数，让学

教学流程	教师活动	学生活动	设计意图
权平均数如何表示?	教师明确指出问题（2）中得到的平均数 0.17 称为三个数 0.15，0.21，0.18 的加权平均数，三个郊县的人数（单位：万）15，7，10 分别为三个数据的权，让学生体会到：小明之所以列错算式，是因为他忽视了数据的"权"。在活动中，教师重点关注学生对加权平均数和数据的权的意义是否准确理解。 教师分别提出两个问题，引导学生用类比的方法得到三个数 x_1、x_2、x_3 的加权平均数和 n 个数 x_1，x_2，……，x_n 的加权平均数。 在活动中，教师重点关注学生：（1）能否从特殊到一般，类比出三个数的加权平均数和 n 个数的加权平均数；（2）能否准确掌握 n 个数的加权平均数的计算公式的结构特征。		生体会数学思想方法在知识建构中的作用，同时让学生大胆猜想，增强学生的探究意识。

第二章 『数与代数』课例

教学流程	教师活动	学生活动	设计意图
活动2： 数据的"权"能够反映数据的相对"重要程度"，在实际问题中是如何体现的？ 例1：教科书第127页。 问题： (1) 这家公司在招聘英文翻译时，对甲、乙两名应试者进行了几个方面的英语水平测试？成绩分别是多少？ (2) 招聘口语能力强的翻译时，公司侧重于哪几方面的成绩？听、说、读、写四种成绩的权分别是多少？ (3) 从成绩看，招口语能力较强的翻译时应该录取谁？招笔译能力较强的翻译时又应该录取谁？	教师出示例1，组织学生阅读题意，指导学生分析问题，引导学生讨论问题，最终解决问题。 教师要引导学生写出解答过程。 在活动中，教师要重点关注学生：(1) 能否有效地阅读并理解题意，科学地分析和积极的讨论。(2) 对听、说、读、写四项成绩的"重要程度"用比的形式确定是否明确，能否从中体会数据的"权"的作用。(3) 能否正确运用加权平均数的公式进行准确计算。	学生在有效的阅读中明确问题（1），在科学的分析和积极的讨论中明确问题（2），在正确的计算中解决问题（3）	通过阅读，正确地理解题意，让学生感知问题、明确问题。 通过分析、讨论，让学生主动参与到教学活动中，相互交流，相互探讨。 通过教师的有效指导，培养学生的阅读兴趣，让学生掌握学习方法，提高解决问题的能力。 通过思考实际问题中，听、说、读、写四个方面的成绩不变，但按不同的比确定，导致招聘时录取的对象不同，让学生体会数据的"权"的作用。
活动3 例2：教科书第128页。 问题： (1) 你认为在计算选手的综合成绩时侧重于哪一个方面的成绩？三项成绩的权分别是多少？ (2) 运用所学知识，你能决出两个人的名次吗？ (3) 两名选手的单项成绩都是两个95分与一个85分，为什么他们的最后得分不同？从中你能体会到权的作用吗？	教师出示例2，并指导学生阅读分析。 在活动中，教师关注学生：(1) 能否运用所学知识解决实际问题。(2) 能否在反思中体会到数据的权的作用。	学生在阅读分析中明确问题（1）和问题（2），并运用加权平均数的公式计算出两名选手的最后得分，在教师的指导下写出解答过程。 学生在反思中，明确两名选手的最后得分之所以不同，是因为三项成绩在计入总成绩时所占的比例不同，从中体会"权"的作用。	通过阅读、分析、计算、反思等活动，让学生进一步明确加权平均数的意义，体会数据的权的作用。 通过教师引导，让学生学会独立思考问题、分析问题和解决问题。

教学流程	教师活动	学生活动	设计意图
活动4 问题: (1) 如果你是主考官,你将录取谁? 教科书第129页练习(1) (2) 根据所学知识,你能计算出小桐这学期的体育成绩是多少吗? 教科书第129页练习(2)	教师巡视、指导,选取两名学生上台书写解题答案或用投影仪展示学生的解题答案。 在活动中,教师重点关注学生:(1) 对加权平均数的公式结构特征是否准确把握,计算是否准确。(2) 书写的解答过程是否有理有据。	学生独立思考、独立解题。	通过练习,使学生更好地掌握加权平均数的计算方法,进一步体会数据的"权"的作用。 通过学生上台演排或投影展示活动,教师强调解题的规范性、数学做答的严谨性,适时纠正学生在计算加权平均数时出现的错误。
活动5: 小结: 这节课你学习了哪些内容,有哪些收获?	教师关注: (1) 学生是否正确表述数据的权的意义以及数据的权的三种表现形式。 (2) 学生是否正确理解加权平均数的意义及其公式的结构特征。	在教师引导下,学生归纳总结,反思学习过程。	通过回顾反思,让学生对数据的权和加权平均数有进一步的认识和理解,通过学生归纳或教师释疑,让学生加强理解,内化知识。

八、反思

在教学时,应为学生提供动手实践的机会,将统计的概念、方法与原理统一到数据处理的活动过程中,使学生更好地体会统计思想,帮助学生建立统计观念。

九、点评

在教学设计中,根据本节课的特点,共设置了四个活动:(1) 研究实例,引出新知;(2) 指导应用,强化新知;(3) 练习反馈,巩固新知;(4) 归纳总结,布置作业。通过四个活动的开展,实现本节课的教学目标。教学设计依据课题标准,重视学生的阅读、思考、分析、讨论、归纳等活动,突出学生的主体地位,培养学生的数学应用意识,提高学生的数学素养。

降次——解一元二次方程（公式法）

（九年级上 第二十二章 第二节）

一、内容标准

1. 理解配方法，会用配方法、公式法、因式分解法解数字系数的一元二次方程。

2. 能用一元二次方程的根的判别式判别方程是否有实根和两个实根是否相等。

二、教材分析

在本章之前，学生学习过的方程都是一次方程或可化为一次方程的分式方程。解二次方程的基本策略是将其转化为一次方程，这就是"降次"，体现了数学的重要思想之一——化归思想。

本课将以配方法为基础，引导学生求解一元二次方程的一般形式，从而得到一元二次方程的求根公式，为继续探索一元二次方程的根与系数的关系做好准备，也为将来学习一元二次函数打好基础。由于一元二次函数是初、高中数学的重要内容，因此本课乃至本章的内容都十分重要。

三、学情分析

学生已经学过用配方法"降次"解一元二次方程，会利用配方法求解有具体系数的一元二次方程。在此基础上，本课要重点学习一元二次方程求根公式的推导及运用，引领学生把对问题的认知"由特殊上升到一般"，同时培养学生的分析能力、计算能力，渗透化归思想。

四、教学目标

目标类型	目标内容
知识与技能	1. 掌握一元二次方程求根公式的推导。 2. 会运用公式法解一元二次方程。 3. 会判断一元二次方程的根是否存在及根的个数。
过程与方法	经历求根公式的发现和探究过程，提高学生分析能力以及逻辑思维能力，同时培养学生准确快速的计算能力。
情感、态度和价值观	1. 渗透化归思想，领悟配方法，感受数学的内在美。 2. 以求根公式的发现和探究为载体，渗透化归的数学思想方法。 3. 引领学生把对问题的认知"由特殊推广到一般"。

五、教学重点和难点

重点：求根公式的推导及用公式法解一元二次方程
难点：求根公式的推导及深刻理解推导过程中依据的思想

六、教学方法

本课以旧知识为起点，问题为主线，以教师指导下学生自主探究为基本方式，突出数学知识的内在联系与探究知识的方法，发展学生的理性思维。

本课同时使用学案导学法。学案是指导学生建构知识的学习方案，有助于配合教师开展课堂活动，有步骤地建构知识，并及时反馈教学效果。

七、教学过程

教学流程	教师活动	学生活动	设计意图
复习引入	解下列一元二次方程 (1) $x^2 + 4x + 2 = 0$ (2) $3x^2 - 6x + 3 = 0$ (3) $4x^2 - 16x + 17 = 0$ 然后让学生仔细观察三道题的解答过程，由此发现有什么相同之处，有什么不同之处？ （师生活动左右要对齐）	学生根据对配方法的理解和掌握独立解决这三道题，进一步熟悉配方法的步骤。同时，学生观察讨论得到：用配方法求解不同一元二次方程的过程中，相同之处是配方的过程——程序化的操作，不同之处是方程的根的情况（根的个数及值）。	在上一节已学的用配方法解一元二次方程的基础上创设问题情境，激发学生兴趣，引出本节内容。（导学案问题1）
	既然过程是相同的，为什么会出现根的不同？方程的根与什么有关？有怎样的关系？今天，我们来对此问题作进一步探究。		进入主题。
活动1 探索新知 （通过解方程发现归纳出一元二次方程的求根公式）	在熟悉求解系数具体的一元二次方程的基础上，让学生求解一元二次方程的一般形式 $ax^2 + bx + c = 0(a \neq 0)$ 的根。 根据学生学习程度的不同，可以采用学生独立尝试配方，合作尝试配方或教师引导下进行配方等各种教学形式。	移项得 $ax^2 + bx = -c$，二次项系数化为1，得 $x^2 + \dfrac{b}{a}x = -\dfrac{c}{a}$. 配方 $x^2 + \dfrac{b}{a}x + (\dfrac{b}{2a})^2 = -\dfrac{c}{a} + (\dfrac{b}{2a})^2$ 即 $(x + \dfrac{b}{2a})^2 = \dfrac{b^2 - 4ac}{4a^2}$ 因为 $a \neq 0$，$4a^2 > 0$，故当 $b^2 - 4ac \geq 0$ 时，$\dfrac{b^2 - 4ac}{4a^2}$ ≥ 0，于是可以得到	让学生通过经历知识形成的全过程，从而提高自身的观察能力、分析问题和解决问题的能力，发展了理性思维。（导学案问题2）

教学流程	教师活动	学生活动	设计意图
	开方过程（让学生结合前面三题方程来加以讨论），使学生充分认识到"$b2 - 4ac$"的重要性。 此时教师指出 $x = \dfrac{-b \pm \sqrt{b^2 - 4ac}}{2a}$（$b^2 - 4ac \geqslant 0$）是一元二次方程的求根公式。	$x + \dfrac{b}{2a} = \pm \dfrac{\sqrt{b^2 - 4ac}}{2a}$ $x = \dfrac{-b \pm \sqrt{b^2 - 4ac}}{2a}$ $x_1 = \dfrac{-b + \sqrt{b^2 - 4ac}}{2a}$ $x_2 = \dfrac{-b - \sqrt{b^2 - 4ac}}{2a}$	
	由上面的探究过程可知，一元二次方程 $ax^2 + bx + c = 0$（$a \neq 0$）的根由方程的系数 a，b，c 确定。 当 $b^2 - 4ac \geqslant 0$ 时， $x = \dfrac{-b \pm \sqrt{b^2 - 4ac}}{2a}$； 当 $b^2 - 4ac < 0$ 时，方程无实数根。 这个式子对解题有什么帮助？通过讨论加深对式子的理解，同时让学生进一步感受到数学的简洁美、和谐美。 进而阐述这个式子叫做一元二次方程的求根公式，利用它解一元二次方程的方法叫做公式法。	分析公式的特点，记忆公式。 公式是万能的，对所有一元二次方程都适用；很直接地表示出方程的根；可以知道一元二次方程最多有两个实数根等。	阐述求根公式，突出本课重点。

教学流程	教师活动	学生活动	设计意图
活动2 主体探究 利用公式 法解一元 二次方程 的一般步 骤，进一 步理解求 根公式	用公式法解一元二次方程 (1) $2x^2 - x - 1 = 0$ (2) $4x^2 - 3x + 2 = 0$ (3) $x^2 + 15x = -3x$ (4) $x^2 - \sqrt{2}x + \dfrac{1}{2} = 0$ 在教师的引导下，学生回答，教师板书，提醒学生一定要先"代"后"算"。不要边代边算，易出错。 引导学生总结用公式法解一元二次方程的步骤	共同练习。（自主完成，小组交流，教师点拨） (1) 化方程为一般形式。 (2) 确定方程中的 a、b、c 的值。 (3) 算出 $b^2 - 4ac$ 的值。 (4) 如果 $b^2 - 4ac \geq 0$，则代入求根公式求方程的根；如果，$b^2 - 4ac < 0$，则方程无解。	归纳总结用公式法解一元二次方程的一般步骤。（导学案问题3）
	用公式法解一元二次方程： (1) $x(x+1) - 6 = 0$ (2) $x^2 - 2\sqrt{2}x = -2$	独立完成。	反馈巩固，让每位学生都有所收获。
活动3 不解方程 直接判断 方程根的 个数。	不解方程，能否判断方程根的个数 指出 $b^2 - 4ac$ 是一元二次方程 $ax^2 + bx + c = 0(a \neq 0)$ 的根的判别式。	学生归纳总结： 一元二次方程 $ax^2 + bx + c = 0(a \neq 0)$ 的实数根的个数： (1) 当 $b^2 - 4ac > 0$ 时，有两个不等实数根； (2) 当 $b^2 - 4ac = 0$ 时，有两个相等实数根； (3) 当 $b^2 - 4ac < 0$ 时，无实数根。	进一步强调 $b^2 - 4ac$ 的作用，同时培养学生的归纳总结能力。（导学案问题4）

教学流程	教师活动	学生活动	设计意图
	不解方程，判断方程根的个数 (1) $2x^2 - 5x + 3 = 0$ (2) $8y(2y - 5) = -25$ (3) $x^2 + x + 1 = 0$	独立实战巩固。	
总结 本课	配方法 $\longrightarrow$ 求根公式 $\left\{\begin{array}{l}用公式法解一元二次方程的步骤\\用根的判别式判断方程根的个数\end{array}\right.$ （牢记） 学生回顾、总结。		教师总结本课的知识要点。
拓展 本课	此环节基于学生课堂掌握的情况而定，可作为课后思考题。 本章引言中的问题： 要设计一座 2m 高的人体雕像，使雕像的上部（腰以上）与下部（腰以下）的高度比，等于下部与全部的高度比，雕像的下部应设计为多高？ 在前面的基础上进一步提问： (1) 如果雕像的高度设计为 3m，那雕像的下部应是多少？4m 呢？ (2) 进而把问题一般化，这个高度比是多少？ 之后简单介绍黄金分割数，使学生感受到数学的奥妙。	 设雕像下部高 xm，于是得方程 $x^2 = 2(2 - x)$ 整理得 $x^2 + 2x - 4 = 0$. 解得 $x_1 = -1 + \sqrt{5}$, $x_2 = -1 - \sqrt{5}$. （舍）	渗透数学应用意识，培养运用所学的知识解决实际问题的能力，渗透数学文化。

第二章 『数与代数』课例

八、反思

本课难度适中，较适合学生的自主探究学习，教师在充分指导学生的同时，应赋予他们更大的自主性，可以将学生分组，采用小组合作的方式进行探究，学生能在师、生、生生充分的交流中加深对知识的理解。

九、点评

本课教学主干思路清晰，教师不断以新问题激发学生的学习兴趣，突出了学生的主体地位，同时对学生的活动指导充分、有效，有反馈训练，教学效果较好，还为学生留有拓展思考空间，满足不同学情学生的学习需求。同时，注重数学思想、数学文化的渗透。但要注意学生之间、师生之间的交流、互动。

用函数观点看一元二次方程

（九年级下　第二十六章　第二节）

一、内容标准

1. 通过对实际问题的分析，确定二次函数的表达式，体会二次函数的意义。
2. 会利用待定系数法确定二次函数的表达式。
3. 会用描点法画出二次函数的图像，通过图像了解二次函数的性质。
4. 能解决简单实际问题。

二、教材分析

用函数观点看一元二次方程是课标版教材第九册第二十六章，该知识是在二次函数图像及性质、二次函数解析式的确定之后学习的一个理论联系实际的内容，加强了方程等内容与函数的联系，进而培养了学生从数学角度抽象分析问题和运用数学知识解决实际问题的能力，通过实践体会到数学来源于生活又服务于生活。本节课注重二次函数概念产生的真实背景，使学生了解到二次函数的实际意义，体会二次函数的广泛应用，体验数学的应用价值，激发学生的学习兴趣。

三、学情分析

本节课是在学生熟练地掌握了二次函数有关内容的基础上，进行二次函数与实际问题的探讨。目的是让学生通过审题，根据题目的实际意义，合理地建立坐标系，求出二次函数，进而解决实际问题是本节的重点和难点。通过对生活中实际问题的研究，使学生体会到数学中的建模思想，为今后学好其他函数建立良好的思维品质。

四、教学目标

目标类型	目标内容
知识与技能	1. 通过实际问题与二次函数关系的探究，让学生能根据实际情况，建立恰当的坐标系，从而解决实际问题。 2. 能够建立不同的坐标系解决同一问题。
过程与方法	通过对生活中实际问题的探究，体会数学知识的现实意义，进一步认识如何利用二次函数的有关知识解决实际问题。
情感、态度和价值观	通过建立不同的平面直角坐标系，将所学知识灵活运用到实际，让学生体会数学知识的价值，从而提高学生学习数学知识的兴趣。

五、教学重点和难点

重点：求根公式的推导及用公式法解一元二次方程。

难点：求根公式的推导及深刻理解推导过程中依据的思想。

六、教学方法

本节课通过幻灯片动态演示的方式，使实际问题呈现得更直观，把平面的知识立体化，使学生更容易理解。通过小组讨论，使每个学生都能参与到课堂中来，给每个孩子发言的机会，提高学习效率。本课同时使用学案导学法。学案是指导学生建构知识的学习方案，有助于配合教师开展课堂活动，有步骤地建构知识，并及时反馈教学效果。

七、教学过程

教学环节	教师活动	学生活动	设计意图
复习引入	二次函数的解析式有哪些? 分别是什么?	学生口答。	复习旧知识,使学生能够迅速进入本节课的学习。
活动1 探索新知 (通过实际问题体会二次函数的实际应用价值以及方法)	某商品现在的售价是每件60元,每星期可卖出300件,市场调查反映:每涨价1元,每星期要少卖出10件;每降价1元,每星期要多卖出18件。已知商品的进价为每件40元,如何定价才能使利润最大? 教师帮助学生分析涨价的情况,并板演过程。 (1) 调整价格分为涨价和降价两种情况,我们先来看涨价的情况: 设每件涨价 x 元,每星期售出商品的利润为 y。则售价为_____元,每星期少买_____件,那么每星期实际卖出_____件;每星期的销售额是_____元。总进价是_____元。利润是_____元。请你列出函数关系式,并确定自变量的取值范围_____ _____求 x 为何值时时 y 的最大 (2) 在降价的情况下,最大利润是多少?	学生分小组讨论,在教师的指导下列表观察规律。 学生在刚刚接触实际问题时,往往弄不清解题步骤,不知从何下手,教师要帮助学生建立解实际问题的基本思路。	教师通过身边的实际问题引入,激发学生的兴趣,带着好奇心去尝试解决数学问题,提高学习效率。

教学环节	教师活动	学生活动	设计意图
	（3）有以上的讨论和现在的销售情况，你能知道什么时候有最大利润并且是多少吗？	学生独立完成降价的情况。 学生通过之前的计算，比较，得出结论。	
活动2 主体探究 利用公式法解一元二次方程的一般步骤，进一步理解求根公式	如图的抛物线形拱桥，当水面在 l 时，拱桥顶离水面2m，水面宽4m，水面下降1m，水面宽度增加多少？ 以抛物线的顶点为原点，以抛物线的对称轴为 y 轴，建立平面直角坐标系，如图所示。 在解决实际问题时，我们应建立简单方便的平面直角坐标系。	学生在教师的指导下建立适当的平面直角坐标系。学生在建立坐标系时，可能找不到最简单的建立方法，导致计算量大。但这并不是做错了，此时作为教师应鼓励学生开拓思路，只要思路正确，所列方程合理，都是正确的，但鼓励之余也要告诉学生选择简洁的思路，使得方程尽可能简单明了。	进一步探讨二次函数的实际应用价值。
	你还能用其他方法解决该问题吗？ 　　教师引导学生发现特殊点进而建立平面直角坐标系。 　　如图所示，以抛物线和水面的两个交点的连线为 x 轴，以抛物线的对称轴为 y 轴，建立平面直角坐标系。	首先学生进行独立思考，然后分小组讨论，交流各自的做法，比一比哪个小组想出的办法最多。	通过多种解题方法拓展学生思路。

教学环节	教师活动	学生活动	设计意图
	 如图所示，以抛物线和水面的两个交点的连线为 x 轴，以其中的一个交点（如左边的点）为原点，建立平面直角坐标系。 		
总结本课	用抛物线的知识解决生活中的一些实际问题的一般步骤：建立直角坐标系——二次函数——问题求解——找出实际问题的答案（注意变量的取值范围）。	教师总结本课的知识要点。	
拓展本课	要修建一个圆形喷水池，池中心竖直安装一根水管，在水管的顶端安一个喷水头，使喷出的抛物线形水柱在与池中心的水平距离为 1m 处达到最高，高度为 3m，水柱落地处离池中心 3m，水管应多长？	设计一道和例题相类似的练习题让学生脱离老师这个拐杖，尝试自己解决，检测学生是否能很好的掌握建立平面直角坐标系解决实际问题的方法。	渗透数学应用意识，培养运用所学的知识解决实际问题的能力，渗透数学文化。

八、反思

由于本节课的题目过长，而且没有对应的几何图形，学生难以理解。

这时结合幻灯片，帮助学生理解题目中的条件指的是什么，题目中的数量对应的是指哪条线段，最终要求解什么。由于有动态的展示，学生很容易把复杂的问题形象化，便于理解。接下来小组讨论如何建立坐标系解决问题。由于有了前面的复习，那么在讨论中，学生很容易地会想到把抛物线建立在原点上求起来更简便，因为这个时候只有一个待定系数，解起来更容易。此时在教师的带领下把此题剩余部分完成，规范学生解题时的书写格式。接下来再小组讨论，有没有其他建立坐标系的方法解决这个问题呢？学生在讨论中能得到不同的结论，教师把其中几种展示在黑板上，让学生对比哪种方法更好。通过对比学生能明显地感觉到，当建立坐标系的位置不同时，解题的步骤是不同的，难易程度也是有区别的。在对比观察下让学生试着总结，坐标系要怎么建立才更好。

九、点评

今天所学内容帮助学生把散乱的知识点串成线。整节课以观察、思考、讨论贯穿于整个教学环节之中，采用启发式教学法和师生互动式教学模式，注意师生之间的情感交流，并教给学生"多观察、动脑想、大胆猜、勤钻研"的研讨式学习方法。让学生能真正成为学习的主体。

第三章

"空间与图形" 课例

在"空间与图形"中，学生将探索基本图形（直线形、圆）的基本性质及其相互关系，进一步丰富对空间图形的认识和感受，学习平移、旋转、对称的基本性质，欣赏并体验变换在现实生活中的广泛应用，学习运用坐标系确定物体位置的方法，发展空间观念。

在教学中，应注重所学内容与现实生活的联系，注重使学生经历观察、操作、推理、想像等探索过程；应注重对证明本身的理解，而不追求证明的数量和技巧。证明的要求控制在《标准》所规定的范围内。

全等三角形

（八年级上　第十一章　第一节）

一、内容标准

了解全等三角形的概念。

二、教材分析

在本章之前，学生学习过三角形及边、角的有关知识。图形的全等对学生而言是全新的内容。从本章开始学生接触几何证明，全等的判定等内容是学习后续几何知识的基础。本节的学习，对学生掌握概念、形成全等三角形的直观认识非常重要。

三、学情分析

本节是《全等三角形》的第一节课，重点在概念讲授。学生已经学过三角形的概念，通过本节学习让学生进一步加深对图形的认识，并认识全等这种图形的基本关系。

四、教学目标

目标类型	目标内容
知识与技能	1. 通过实例理解全等形的概念和特征，并能识别图形的全等； 2. 知道全等三角形的有关概念，能正确地找出对应顶点、对应边、对应角；掌握全等三角形对应边相等，对应角相等的性质； 3. 能运用性质进行简单的推理和计算，解决一些实际问题。
过程与方法	通过两个重合的三角形变换其中一个的位置，使它们呈现各种不同位置的活动，让学生从中了解并体会图形变换的思想，逐步培养学生动态的研究几何图形的意识。
情感、态度和价值观	1. 提高学生动手操作能力。 2. 通过分组活动培养合作意识、提高交流能力。

五、教学重点和难点

重点：全等三角形的有关概念和性质。

难点：理解全等三角形边、角之间的对应关系。

六、教学方法

采取以直接感知为主的教学方法，主要有演示法（见教学设计活动1、活动2）；

采取以语言传递信息为主的教学方法，主要是讲授法（见教学设计活动3）；

采取以引导探究为主的教学方法（见教学设计活动5）；

本课同时采用小组合作学习，让学生在与同伴合作过程中相互促进，提高课堂效率。

七、教学过程

教学流程	教师活动	学生活动	设计意图
活动1 观察图片， 引入新课	放映幻灯展示如下图片： 然后让学生仔细观察下面三幅图形的图案，指出图案中形状与大小相同的图形。	学生根据已有的知识经验上台发表见解。通过几位同学的表述让全班认识形状大小都相同的意思。	用色彩丰富的图案创设问题情境，激发学生兴趣，引出本节内容。充分调动学生动脑、动眼、动口，用多种感官参与学习。
活动2 教师演示， 学生观察， 学习全等 形概念	请观察，并说出你看到的现象。 演示将左边五角星移到右边五角星上。 教师总结：能够完全重合的两个图形叫做全等形，这两个五角星就是全等五角星。你还能说出生活中全等形的例子吗？ 下列每组的两个图形是怎样由一个图形得到另一个图形的？它们一定全等吗？	学生观察到这两个图形完全重合。 学生可能的回答： 眼镜的两个镜片、手套、飞机机翼等。	通过幻灯片上的动画效果，让学生生动地观察图形全等的条件——完全重合。并体会平移旋转翻折都是全等变换。

教学流程	教师活动	学生活动	设计意图
		鼓励学生分别回答出：平移、旋转、翻折得到。	让学生初步体会图形的运动变化，变换全等形不同形式。
	教师总结：一个图形经过平移、旋转、翻折后得到的图形一定与原图形全等。 如果两图形全等，它们的形状和大小有什么特点？ **形状相同，大小相等**		
	观察下面两组图形，它们是不是全等形？ 	由学生发现并说出第1组大小不等；第2组形状不同。	通过两组反例加深学生对"形状且大小相等"的理解。

第三章 『空间与图形』课例

教学流程	教师活动	学生活动	设计意图
活动3 教师将授全等三角形的概念,对应元素的识别,全等式的书写等。	1. 定义:能够完全重合的两个三角形叫做全等三角形 2. 全等三角形的对应元素: 互相重合的顶点叫做对应顶点:A 与 D、B 与 E、C 与 F; 互相重合的边叫做对应边:AB 与 DE、BC 与 EF、AC 与 DF; 互相重合的角叫做对应角:∠A 与 ∠D、∠B 与 ∠E、∠C 与 ∠F。 3. 表示法: 读作:"三角形 ABC 全等于三角形 DEF" 注意:书写全等式时要求把对应顶点字母放在对应的位置上。 能否根据下列全等式说出两个三角形的对应边和对应角。 (1) △ABC≌△DFE (2) △AOC≌△BOD 在具体图形中,有时角不能用一个大写字母表示。 4. 性质: 全等三角形的对应边相等,对应角相等。	请学生回答: (1) AB 与 DF, BC 与 FE, AC 与 DE ∠A 与 ∠D, ∠B 与 ∠F, ∠C 与 ∠E"。 (2) AO 与 BO, OC 与 OD, AC 与 BD; ∠A 与 ∠B, ∠AOB 与 ∠COD, ∠C 与 ∠D。	由学生类比全等形的概念给出全等三角形的概念,符合由特殊到一般,再由一般回到特殊的认识规律。 通过教师的精讲,让学生形成对应的概念,养成良好的书写习惯,培养数学语言的使用。

教学流程	教师活动	学生活动	设计意图
	符号语言： ∵ △ABC≌△DEF ∴ AB = DE，BC = EF， AC = DF ∠A = ∠D，∠B = ∠E， ∠C = ∠F		
活动4 操作探究 （拿两个全等的三角形，将其中一个不动，怎样移动另一个三角形，得到以下的图形） 教师给学生分组，如前后同桌一组；为每组指定任务，如每组拼三个图形。选择代表说出你这两个三角形中一个是由另一个怎样变换得到的。再另找12名同学依次说出每组的全等式、对应元素。 教师总结：有对顶角的，对顶角一定是对应角； 有公共边的，公共边一定是对应边；		学生分组，将两张纸叠在一起剪出一对全等三角形，以小组合作的方式拼出学案上的图案（见左） （1）与（2）相同，都是平移到的，只是平移方向不同；△ABC≌△DEF （3）△ABC ≌ △ADE，△ABC 旋转得到△ADE； （4）△AOB ≌ △COD，△AOB 逆时针旋转180°得到△COD； （5）△ABE ≌ △CDF，△ABE 通过旋转、平移得到△CDF； （6）△ABC ≌ △DBC，△ABC 通过翻折得到△DBC。	通过学生动手做一对全等三角形的过程，让他们领会并运用定义解决问题。通过拼摆给定图形让他们实践平移旋转翻折等变换。通过活动过程培养合作意识，提高交流能力。

教学流程	教师活动	学生活动	设计意图
	全等三角形对应角所对的边是对应边，两个对应角所夹的边是对应边； 全等三角形对应边所对的角是对应角，两个对应边所夹的角是对应角。		
活动5 应用新知 解决问题	教师出示练习题： （1）如图，△ABD ≌ △ACE，若 ∠ADB = 100°，∠B = 30°，请说出 △ACE 中各角的大小。 （2）如图，已知：△ABD ≌△EBC，AB = 3cm，BC = 5cm，求 DE 的长。 （3）如图，如果 △ABC ≌ △ADE，那么 ∠1 = ∠2 吗？为什么？ 若 ∠BAC = 65°，∠DAC = 25°，则 ∠2 = ____ △ADE 可以看成将 △ABC 绕点 A 逆时针旋转 _____ 度得到的。	独立完成练习。	引导学生利用全等三角形的性质解决问题。

八、反思

本节课充分发掘学生潜力，提高了课堂 45 分钟的效率，但也要具体考虑学生的接受能力和参与程度，可以为不同水平的学生设计不同层次的活动。

九、点评

本课各部分安排合理，活动设计紧凑，目标明确，并采用适当的教学方法。突出了学生的主体地位，同时对学生的活动指导充分、有效，在教学设计上体现出"建立合作、友爱、民主平等的师生关系"的尝试。注意到教学过程中学生认识的不同阶段，即引起学习动机、领会知识、巩固知识、运用知识、检查知识。

等边三角形（第二课时）

（八年级上　第十二章　第三节）

一、内容标准

探索等边三角形的性质定理：等边三角形的各角都等于60°。等边三角形的判定定理：三个角都相等的三角形（或有一个角是60°的等腰三角形）是等边三角形。能够利用等边三角形的性质解决实际问题。

二、教材分析

本节课是等边三角形第二课时，是由等边三角形推出的关于直角三角形的一个性质，它反映了直角三角形中边角之间的关系，主要作用是解决直角三角形中有关计算的问题，它也是解决线段之间倍分关系的重要依据。学好本节知识，将为"锐角三角函数"概念的引出打下基础。新课标倡导"获得数学知识的过程比获得知识更为重要"。因此本节课的重点是含30°角的直角三角形的性质定理的发现与证明。而本节课的难点为熟练运用该性质定理解决实际问题。其中引导学生准确地找出直角三角是攻克难点的关键。

三、学情分析

本节课从学生熟悉的特殊角度入手，让学生发现特殊的直角三角形，进而进行特殊图形所具备的特殊性质的研究。学生已经能够熟练运用全等三角形的性质和判定以及等边三角形的性质和判定，具备合情推理的能力。引导学生从实际生活入手发现并证明含30°角的直角三角形的性质定理。本课教师要鼓励学生多动手、勤思考，尝试着去发现问题，解决问题。

四、教学目标

目标类型	目标内容
知识与技能	1. 经历探索直角三角形中，30°角所对的边等于斜边的一半的过程。 2. 掌握这个定理并能应用它解决实际问题。
过程与方法	1. 经历"探索——发现——猜想——证明"的过程，引导学生体会合情推理与演绎推理的相互依赖和相互补充的辩证关系。 2. 培养学生准确快速的计算能力。
情感、态度和价值观	1. 养成学生良好的逻辑思维，用规范的数学语言进行表达的习惯和能力。 2. 鼓励学生积极参与数学活动，激发学生的好奇心和求知欲。 3. 体验数学活动中的探索与创新，感受数学的严谨性。

五、教学重点和难点

重点：含30°角的直角三角形的性质定理的发现与证明。

难点：准确的应用含30°角的直角三角形性质定理解决实际问题。

六、教学方法

本课以学生熟知的特殊角为起点入手，探究边角关系问题为主线，以探究发现法为主，学生在老师的正确引导下，利用已学知识和身边的三角板等这些实际工具，积极主动参与探索发现、归纳类比等数学活动获得知识。

七、教学过程

教学流程	教师活动	学生活动	设计意图
复习引入	等边三角形的性质及判定是什么？	学生快速地回忆旧知并作答。	复习旧知，为后面的证明做好准备。
	到目前为止我们学习过的特殊角度有哪些？你能有其中的一些角度拼出具有特殊度数的三角形吗？那么具有特殊度数的三角形有什么特殊的性质吗？今天，我们来对此问题作进一步探究。	学生列举特殊角度，很容易的就找到了具有特殊角度的三角形有哪些。	以学生已有知识储备为基础，引入主题。
活动1 探索新知（自主探究与合作交流解决问题，发现含30°角的直角三角形的性质定理）	含30°角的直角三角形，它有什么不同于一般的直角三角形的性质呢？直角边与斜边有什么数量关系？鼓励学生大胆猜测边与边之间的数量关系，让学生通过观察具体图形，从感性的角度去发现事物的特点，在感性认知的基础上提出合理的猜想，对加深学生的认知与促进学生的直觉思维是相当有益处的。	学生猜想出数量关系：在直角三角形中，30°角所对直角边是斜边的一半。	为学生提供参与数学活动的时间和空间，调动学生的主观能动性，激发好奇心与求知欲。
	问题：请你试着利用你手中的工具或材料试着验证一下刚才的判断。	学生独立思考，动手实践，让学生经历拼摆三角尺，折纸等实践活动。	
	交流想法，看看大家的做法有什么不同	学生分组交流，介绍各自的做法。	
	总结定理：在直角三角形中，如果一个锐角等于30°，那么它所对的直角边等于斜边的一半。	弄清定理的条件和结论，能用数学语言表示该定理。	

教学流程	教师活动	学生活动	设计意图
活动2 主体探究 利用性质 定理解决 实际问题	如图是屋架设计图的一部分，点 D 是斜梁 AB 的中点，立柱 BC、DE 垂直于横梁 AC，AB = 7.4m，∠A = 30°，立柱 BD、DE 要多长？ 在教师的引导下，学生回答，教师板书，提醒学生一定要找准直角三角形。	学生认识到仔细审题是关键，找准直角三角形是应用含30°锐角直角三角形的性质的前提。能够在教师的引导下清楚证明的思路和格式。	培养学生正确应用所学知识解决问题的能力，增强应用意识，参与意识，巩固所学性质。
	$Rt \triangle ABC$ 中，∠C = 90°，∠B = 2∠A，∠B 和 ∠A 各是多少度？边 AB 与 BC 之间有什么关系？	学生独立完成。	反馈巩固，让每位学生都有所收获。
	如图，△ABC 中，∠ACB = 90°，CD 是高，∠A = 30°. 求证：BD = $\frac{1}{4}$ AB 	学生独立完成。	
活动3 利用数学知识解决实际问题	如图，要把一块三角形的土地均匀分给甲、乙、丙三家农户去种植，如果∠C = 90°，∠B = 30°，要使这三家农户所得土地的大小、形状都相同，请你试着分一分，在图上画出来？ 	学生能够利用所学知识完成此题。通过画图提高学生的动手能力。	通过此题使学生感受到，数学来源于生活，培养学生学会用数学的眼光观察现实生活，引导学生学会综合运用所学数学知识解决生活中的问题。

教学流程	教师活动	学生活动	设计意图
	本次活动教师应重点关注学生在熟练掌握定理的基础上，本小题重在培养学生灵活运用的能力。		
总结本课	这节课，我们在上节课的基础上推理证明了含30°的直角三角形的边的关系。这个定理是个非常重要的定理，在今后的学习中起着非常重要的作用。 学生回顾、总结。	教师总结本课的知识要点。	
拓展本课	此环节基于学生课堂掌握的情况而定，可作为课后思考题。 要把一块三角形的土地均匀分给四户农户去种植，如果$\angle C = 90°$，$\angle B = 30°$，要使这四家农户所得土地的大小、形状都相同，请你试着分一分，在图上画出来？	本题有四种解法，鼓励学生从多角度思考问题。	渗透数学应用意识，培养运用所学的知识解决实际问题的能力，渗透数学文化。

八、反思

本课难度适中，较适合学生的自主探究学习，教师在充分指导学生的同时，应赋予他们更大的自主性，可以引导学生来讲解部分教学内容，提高学生的参与意识和学习数学的热情。

九、点评

本节课的教学过程中，教师改变原来"填鸭式"的教学方法，不是由自己来讲解新知识，而是适当引导，鼓励学生根据已有的知识自主地探索新知。向学生提供动手操作的机会，让学生通过对"具体事物"的操作、观察，由感性认识进而转变成抽象的概括。为了引导学生能从不同的角度思考问题，探讨解决问题的多种途径，发散学生思维。设计小组讨论，彼此交流各自的做法，这样学生就能从不同的角度解决该问题了。在小组活动中适时介入讨论；把握课堂，即时评价，为学生提供合作操作、合作实践的机会，让学生从中学会与他人合作、与他人交流和探究的本领。使学生感受到，数学来源于生活，培养学生学会用数学的眼光观察现实生活，引导学生学会综合运用所学数学知识解决生活中的问题，体会数学的广泛应用与实际价值，获得良好的情感体验。

圆与圆的位置关系

（九年级上 第二十四章 第二节）

一、内容标准

探索并了解圆与圆的位置关系。

二、教材分析

本节教材是《与圆有关的位置关系》中的重要部分。从知识结构来看，它是直线与圆位置关系的延续，从解决问题的思想方法来看，它反映了事物内部的量变与质变。通过这些对学生进行辩证唯物主义世界观的教育。所以这一节无论从知识性还是思想性来讲，在几何教学中都占有重要的地位。

本节知识结构框图：

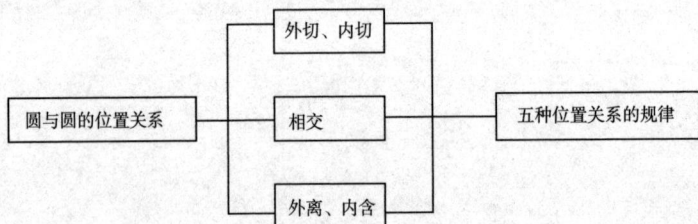

三、学情分析

学生已经学过点和圆的位置关系、直线和圆的位置关系，圆与圆的位置关系与它们同属一个教学单元。在知识上有相似的地方。在充分利用学生已有知识发展自主学习，同时教师也要发挥指导作用，纠正学生凭经验的推断，完善学生的知识体系。

四、教学目标

目标类型	目标内容
知识与技能	1. 掌握圆和圆的五种位置关系。 2. 掌握各种位置关系中圆心距与半径之间的数量关系。 3. 培养学生分析问题、解决问题、归纳总结的能力。
过程与方法	1. 通过利用计算机对圆和圆的五种位置关系的演示，使学生掌握观察分析，归纳总结的能力；进一步体验知识的形成过程。 2. 使学生学会类比的方法和形成分类讨论的思想。
情感、态度和价值观	1. 培养学生自主学习能力和勇于探索的精神。 2. 用运动变化的观点研究问题，体会事物之间的联系。

五、教学重点和难点

重点：运用两圆的位置关系与两圆半径、圆心距的数量关系间的联系解决有关问题。

难点：探索两圆的位置关系与两圆半径、圆心距的数量关系间的内在联系。

六、教学方法

本课以旧知识为起点，问题为主线，以教师指导下学生自主探究为基本方式，突出数学知识的内在联系与探究知识的方法，发展学生的理性思维。

本课同时使用学案导学法。学案是指导学生建构知识的学习方案，有助于配合教师开展课堂活动，有步骤地建构知识，并及时反馈教学效果。

七、教学过程

教学流程	教师活动	学生活动	设计意图
复习引入	我们已经研究过直线与圆的位置关系,如何判断直线与圆的位置关系呢?	请学生回答问题: 直线与圆的位置关系有三种——相交、相切、相离。 按照直线和圆的公共点个数判断。还可以根据圆心到直线的距离 d 与半径 r 的数量关系来判断,即 $d > r \Leftrightarrow$ 直线与圆相离 $d = r \Leftrightarrow$ 直线与圆相切 $d < r \Leftrightarrow$ 直线与圆相交	回顾直线与圆的位置关系的判定方法,可以让学生复习前面的内容。并试图启发学生类比前面的研究方法得出圆与圆的位置关系的划分依据。
活动1 观察分类	用课件演示:一个圆固定不动,另一个圆从一侧向定圆运动。让学生观察在运动过程中两圆的公共点个数有何变化。可以按照什么对圆与圆的位置关系进行划分。 在学生回答后教师提出:可以依据公共点个数将圆与圆的位置关系分成三类——相交、相切、相离。大家是否有不同意见? 教师对发言同学给予鼓励并总结:圆与圆的位置关系有三类五种:	学生观察得出:两圆由没有公共点到一个共点到两个公共点,而后一个公共点、没有公共点。 可能会有学生提出不同意见:相离有两种可能情况,相切也有两种可能情况。	动态的演示使学生的感性认识。并在此基础上理性思考划分圆与圆位置关系的标准。 再通过合理设疑引起学生的争议。

教学流程	教师活动	学生活动	设计意图
活动2： 讲授新知	1. 同心圆是内含的一种特例。 2. 从上面分类让学生形成分类讨论思想。即题目中出现两圆相切、两圆没有公共点等语言时要分两种情况讨论。 3. 思考两等圆有哪几种位置关系。 4. 上述五种图形是轴对称图形吗？是以什么为对称轴的？ 无论两圆的位置关系如何，两个圆组成的图形依然是轴对称图形，对称轴是连接两圆圆心的直线称为连心线。 5. 相切时，切点与连心线（对称轴）有什么位置关系？ 假设相切两圆的连心线不经过切点。因为两圆的连心线是对称轴，所以两圆的切点（公共点）关于连心线的对称点也一定是这两个圆的另一个公共点，这样，两个相切圆就有两个公共点。这与已知两圆相切矛盾。所以，相切圆的连心线必经过切点。	学生通过讨论得出：两等圆有外离、外切、相交、重合四种。	讲授这些内容为本节后面知识的讲授做了铺垫。比如渗透分类讨论思想为后面解计算题打好伏笔。相切两圆的连心线经过切点为学生自己发现相切时两半径与圆心距的数量关系做好准备。

教学流程	教师活动	学生活动	设计意图
活动3 探索两圆位置关系与两圆半径、圆心距的数量关系之间的联系	教师讲授圆心距的概念，并让学生以小组的形式画出五种位置关系图，找到 O_1O_2 与半径 R、r（R≥r） 教师给出适当的点评，重点讲授两圆相交的情况。 思路1——运动变化观点： 相交位于外切与内切之间因此 $R - r < O_1O_2 < R + r$ 思路2——利用三角形三边关系。 如果时间允许，可以讲授一种数轴记忆法。以不同形式呈现同一知识，加深学生的理解。 	自主完成，小组交流。 找五个组的代表向全班发表探究成果。	培养学生探索意识、合作精神、语言表达能力。
活动4 应用新知	如图⊙O 的半径为 $5cm$，点 P 是⊙O 外一点，OP = $8cm$。若以 P 为圆心作⊙P 与⊙O 相切，求⊙P 的半径。 	大部分学生都能想到⊙P 的半径为3时两圆外切。	对这道例题学生易形成思维定势。教师要消除学生的定势，并通过直观的演示让学生加深两种情况的理解。

教学流程	教师活动	学生活动	设计意图
	教师应提示学生题中的相切需要分类讨论。还有可能⊙P很大半径为13，13 – 5 = 8，两圆内切。可以通过画图让学生直观感受。 		
课后小结	 本节课你用到数学思想方法有哪些？		引起学生对课堂知识的主动回忆。通过口头回答的方式复习主要知识点。

八、反思

　　本课难度适中，较适合学生的自主探究学习，教师在充分指导学生的同时，应赋予他们更大的自主性，可以将学生分组，采用小组合作的方式进行探究，学生能在师生、生生充分的交流中加深对知识的理解。

九、点评

　　本课设计注重知识的联系及学生的认知规律，类比前一节所学内容展开教学。使学生很顺畅地探索结论并接受新知。能在教学中尝试创新，用运动的观点看两圆的位置关系。教学过程注重以学生为主体，开展自主学习、合作学习、探究学习。在丰富活动中完成教师的教与学生的学，定会使学生感到充实，使课堂充满活力，也会大大提高教学效率。

第三章 『空间与图形』课例

正多边形和圆

（九年级上　第二十四章　第三节）

一、内容标准

1. 了解正多边形与圆的关系，了解正多边形的中心、半径、边心距、中心角等概念。

2. 能运用正多边形的知识解决圆的有关计算问题。

二、教材分析

正多边形和圆的关系非常密切，可用来解决生活中的实际问题。在本节课之前，学生学习过圆的相关知识，通过和正多边形关系的探究，可以加强学生的转化化归、方程思想方法。而且本节的开始，是从一个实际问题入手，引导学生观察、探究圆和正多边形的关系；又以一个实际问题做本节课的结尾，充分体现学数学用数学的意图。本小节的开始，学生通过观看美丽的图案，欣赏生活中正多边形形状的物体，感受到数学来源于生活，并从中感受到数学美的同时，提出本节课所要研究的问题：正多边形与圆有什么关系？激发学生的好奇心和求知欲，并在运用已有的圆的知识解决问题的活动中获得成功的体验，建立学习的自信心。在研究正多边形和圆的关系时，是按照由特殊到一般的规律，以正五边形为例进行探索和证明的，并将结论推广到正 n 边形。

三、学情分析

本课时是正多边形和圆的第一课时，是在学生掌握了圆的有关知识的基础上的进一步拓展。本课要重点学习正多边形和圆的相关计算问题，使学生学会综合运用所学数学知识解决实际生活问题。

四、教学目标

目标类型	目标内容
知识技能	1. 了解正多边形与圆的关系，了解正多边形的中心、半径、边心距、中心角等概念。 2. 能运用正多边形的知识解决圆的有关计算问题。
数学思考	学生在探讨正多边形和圆的关系的学习过程中，体会要善于发现问题、解决问题，发展学生的观察、比较、分析、概括及归纳的逻辑思维能力。
解决问题	在探索正多边形与圆的关系过程中，学生体会化归思想在解决问题中的重要性，综合运用所学的知识和技能解决问题。
情感态度	学生经历观察、发现、探究等数学活动，感受到数学来源于生活，又服务于生活，体会事物之间的相互联系，相互作用。

五、教学重点和难点

重点：探索正多边形与圆的关系，了解正多边形的有关概念，并能进行计算。

难点：探索正多边形与圆的关系。

六、教学方法

本小节的开始，学生通过观看美丽的图案，欣赏生活中正多边形形状的物体，感受到数学来源于生活，并从中感受到数学美的同时，提出本节课所要研究的问题：正多边形与圆有什么关系？激发学生的好奇心和求知欲，并在运用已有的圆的知识解决问题的活动中获得成功的体验，建立学习的自信心。在研究正多边形和圆的关系时，是按照由特殊到一般的规律，以正五边形为例进行探索和证明的，并将结论推广到正 n 边形。

七、教学过程

教学流程	教师活动	学生活动	设计意图
活动1 问题（1）：观察下列美丽的图案（教科书）回答问题 你能从这些图案中找出正多边形来吗？ 问题（2）：满足什么条件的多边形是正多边形？举反例说明两个条件缺一不可。 问题（3）：你知道正多边形和圆有什么关系吗？怎样能够准确地作出一个正多边形来？	教师演示课件提出问题（1），在问题（1）中教师重点关注学生能否从这些图案中找到正多边形。 教师提出问题（2）；在问题（2）教师重点关注学生能否举出反例，体会条件的重要性。 在问题（2）教师重点关注学生能否从这些图案中发现正多边形和圆的关系。 教师提出问题（3），引导学生观察、思考。学生讨论、交流、发表各自见解。教师演示课件。 在问题（3）教师重点关注学生能否会联想到等分圆周作出正多边形来。	学生观察图案，思考并指出找到的正多边形。 学生独立思考并回答。	问题（1）的提出，学生通过观察美丽的图案，欣赏生活中正多边形形状的物体，让学生感到数学来源于生活，并从中感受到数学美。 问题（2）的提出，是为了让学生体会，判定正多边形两个条件是缺一不可的。 问题（3）的提出，是为了创设一个问题情景，激起学生主动将所学圆的知识与正多边形联系起来，激发学生积极探索、研究的热情，调动学生学习的积极性，并有意将注意力集中在正多边形和圆的关系上。

教学流程	教师活动	学生活动	设计意图
活动2 问题（1）： 将一个圆分成五等分，依次连接各分点得到一个五边形，这个五边形是正五边形吗？如果是，请你证明这个结论。 问题（2）： 如果将圆 n 等分，依次连接各分点得到一个 n 边形，这 n 边形一定是正 n 边形吗？	教师演示作图，把圆分成相等的五段弧，依次连接各点得到五边形。 教师引导学生从正多边形的定义入手证明（即证明多边形各边都相等，各角都相等），引导学生观察、分析，教师带领学生完成证明过程。 在问题（1）教师重点关注： ①学生能否看出，将圆分成五段相等的弧后，这些弧所对的弦也相等，这些弦就是五边形的各边，进而证明五边形的各边相等； ②学生能否观察发现圆内接五边形各内角都是圆周角； ③学生能否观察发现每一个圆周角所对的弧都是三段等弧的和； ④学生能否利用这些圆周角所对的弧都相等，证明五边形的各内角相等。从而证明圆内接五边形是正五边形。 教师提出问题（2），根据学生的回答给以总结。 在问题（2）中，教师应当重点关注学生是否会仿照证明圆内接正五边形的方法证明圆的内接正 n 边形。	在教师引导下从正多边形的定义入手证明（即证明多边形各边都相等，各角都相等），通过观察、分析完成证明过程。 学生独立思考，同学间交流，回答问题。	活动2的设计就是要让学生在教师的指导下，进行逻辑推理，论证所发现的结论的正确性。从而培养学生科学严谨的治学态度，和运用所学知识解决问题的能力。 问题（2）的设计是将结论由特殊推广到一般。这符合学生的认知规律，并教给学生一种研究问题的方法：由特殊到一般。

教学流程	教师活动	学生活动	设计意图
问题（3） 各边相等的圆内接多边形是正多边形吗？各内角相等的圆内接多边形是正多边形吗？如果是，说明为什么；如果不是，举出反例。	教师提出问题（3），教师讲评。 在问题（3）中，教师应当重点关注： ①学生能否利用正多边形定义进行判断； ②学生能否由圆内接多边形各边相等，得到弦相等及弦所对的弧相等，进而证明圆内接多边形的各内角相等； ③学生能否举出反例说明各内角相等的圆内接多边形不一定是正多边形。	学生独立思考、分组讨论、交流回答。	问题（3）的提出是为了巩固所学知识，使学生明确判定圆内接多边形是正多边形，必须满足各边相等，且各内角都相等，这两个条件缺一不可。同时教给学生学会举反例，培养学生思维的批判性。
活动3 学生看图理解概念。 例：有一个亭子，它的地基是半径为 $4m$ 的正六边形，求地基的周长和面积（精确到 $0.1 m^2$）。（教科书上的例题）	教师给出正多边形的中心、半径、中心角、边心距的概念。 教师引导学生总结分析这一类问题的求解方法。 对于例题，教师重点关注： ①学生能否知道欲求地基的周长、面积，要先求出正六边形的边长和边心距	学生在教师引导下，画出正六边形的图形，进行分析；完成例题的解答；并由一个学生到黑板上进行板书。	例题是有关正多边形计算的具体应用，目的是为了让学生了解有关正多边形的概念后，通过例题和练习，巩固所学到的知识。 学生在教师的引导下，将正多边形的中心、半径、中心角、边心距等一些量集中在一个三角形中来研究。

教学流程	教师活动	学生活动	设计意图
活动4 小结：学完这节课你有什么收获？ 布置作业： 教科书 59 页第 3、5、6 题，60 页第 8 题。 思考题： 1. 正 n 边形的一个内角的度数是多少？中心角？正多边形的中心角与外角的大小关系？ 2. n 边形的半径、边长、边心距有什么关系？	教师重点关注不同层次学生对本节知识的理解、掌握程度。 教师批改、总结，教师重点关注： 1. 对学生在练习中反映出的问题，有针对性地给予分析； 2. 学生面对探究性问题的解决方法。	学生自己总结，不全面的由其他同学补充完善； 学生独立完成。	了解教学效果，及时调整教学。 通过对实际问题的探究，完成从具体→抽象→具体的思维螺旋上升过程，形成应用数学的意识，加深对本节知识的理解。

八、反思

　　本课难度适中，更适合于学生互动探究学习，教师在充分指导学生的同时，应赋予他们更大的自主性，留给学生更多的思维空间，可以将学生分组，采用小组合作的方式进行探究，使学生在师生互动、生生互动的过程中充分地交流，并加深对知识的理解和灵活的应用。

九、点评

本节课的教学思路清晰，教师使问题从情境中来，回到情境中去，不断以新问题激发学生的探究兴趣，给予学生充足的思考与探究的时间，同时对学生的活动给予充分、有效的指导，知识巩固练有反馈，教学效果突出，还为学生留有课后拓展的思考空间，满足不同学情学生的学习需求。同时，注重数学思想、数学文化的渗透。

锐角三角函数

（九年级下　第二十八章　第一节）

一、内容标准

利用图形的相似，探索直角三角形中的边角关系。认识锐角三角函数（$sinA$，$cosA$，$tanA$），知道30°、45°、60°角的三角函数值。

二、教材分析

锐角三角函数的内容与相似三角形是密切联系的，在本节课之前学生们已经学习过"相似三角形"的知识，因此利用"相似三角形的对应边成比例"可以解释锐角三角函数定义。同时本课知识的学习也是为后面学习余弦、正切函数作铺垫。

三、学情分析

学生们已经学习过"在直角三角形中，30度角所对的边等于斜边的一半"和"相似三角形"的内容，在此基础上，学生要理解锐角的正弦定义抓住其实质，这是本节课的重点，并会应用。

四、教学目标

目标类型	目标内容
知识与技能	1. 初步了解锐角三角函数的意义。 2. 初步理解在直角三角中一个锐角的对边与斜边的比值就是这个锐角的正弦的定义。
过程与方法	经历从发现到解决直角三角形中的一个锐角所对应的对边与斜边之间的关系的过程，体会研究数学问题的一般方法以及所采用的思考问题的方法。
情感、态度和价值观	在解决问题的过程中体验求索的科学精神以及严谨的科学态度，进一步激发学习需求。

五、教学重点和难点

重点：锐角的正弦的定义。

难点：理解直角三角形中一个锐角与其对边及斜边比值的对应关系。

六、教学方法

本节课的教学设计以学生的实践为主，力求体现课堂教学主体的合作性、互补性，意图通过本节课的教学，使学生在整个教学活动中发现对同一个锐角而言它的对边与斜边的比值不变，且一个锐角的度数越大它的对边与斜边的比值越大的规律。

七、教学过程

教学流程	教师活动	学生活动	设计意图
活动1： 引入问题 （1）如图，小明在打网球时，击出一个直线球恰好擦网而过，且刚好落在底线上，已知网球场的底线到网的距离 OA = 12 米，网高 AC = 1 米，击球高度 BD = 2 米，你能求出球飞行的距离 OD 吗？（精确到0.01米） （2）若小明第二次击出的直线球仍擦网而过，且恰好落在底线上，这次击球高度为 3 米，这时球飞行的距离是多少米？ （3）球的飞行直线与地面的夹角有变化吗？ （4）击球高度与球飞行的距离的比值有变化吗？	帮助学生研究这个问题的知识背景是什么？ 探讨形成这个问题的条件是什么？	在解决后面几个问题时，发现相似形的问题实质上是角确定而决定的，当角不变时，相似三角形的比值相对不变的现象提供一个重要依据。	让学生体会在直角三角形中，当锐角的大小确定后，锐角的对边与斜边之比也随之确定，为锐角三角函数的引出提供一个知识背景。
活动2： 探究问题 为每组提供两副斜边相等的三角板，请各组分别度量这两副三角板的斜边和每个锐角所对边的长，并计算每个锐角的对边与斜边的比值，你能发现什么规律吗？	把学生分成小组，用小组学习的形式（按四人一组），每个学生有自己的分工，各负其责。	发现： 1. 直角三角形中，锐角大小确定后，这个角的对边与斜边的比值随之确定。 2. 直角三角形中，一个锐角的度数越大，它的对边与斜边的比值越大。	让学生们进一步体会到：直角三角形中，当一个锐角确定时，它的对边与斜边的比值也确定下来。

教学流程	教师活动	学生活动	设计意图
活动3： 确立课题 在上面两个活动的基础上确定本节课的研究课题，即直角三角形的一个锐角的对边与斜边的比值定义为这个锐角的正弦。	师生共同研究确定本节课的研究对象，并形成定义。	师生共同研究确定本节课的研究对象，并形成定义。	以上面的两个活动为研究对象，是从特殊角度确定结论，目的希望同学考虑到要把问题一般化。
活动4： 研究问题 如图，在 $Rt \triangle ABC$，$Rt \triangle DEF$ 中，$\angle B = 30°$，$\angle D = 45°$，$\angle C = 90°$，$\angle F = 90°$，若 $AB = DE = 2$， 1. 求 $\angle B$ 的对边与斜边的比值； 2. 求 $\angle A$ 的对边与斜边的比值； 3. 求 $\angle D$ 的对边与斜边的比值。 	教师引导学生在已知一边及一角的情况下，先求另一边，进而求比值。	在理解了基本的方法后，解决后面两个问题。	在上一个问题的基础上把问题准确化，把结论固化下来。
活动5： 拓展问题 我们利用三角板验证30°、45°、60°角的正弦值及其变化规律，那么对于0°～90°的其他锐角是否也满足这样的规律呢？	利用几何画板制作动态演示实验。	发现：在直角三角形中，锐角大小确定后，这个角的对边与斜边的比值随之确定；在直角三角形中，一个锐角的度数越大，它的对边与斜边的比值越大。	把从特殊情况下得到的结论推广到一般情况，并加以认定。

教学流程	教师活动	学生活动	设计意图
活动6： 巩固训练 在△ABC中，∠C=90°。 1、若 AC=4，AB=5，求 $sinA$ 与 $sinB$； 2、若 AC=5，AB=12，求 $sinA$ 与 $sinB$； 3、若 BC=m，AC=n，求 $sinB$。	在巡视中发现问题及时纠正与调整。	各自做课堂练习。	在理解知识的前提下落实本节课需要学习的内容，并在落实的过程中纠正新出现的问题。
活动7： 反思	师生共同反思与小结本节课学习知识的过程与学习的知识，并帮助学生换个角度解释本节课所学的知识。	进一步体会探求知识的方法以及进一步加深对知识的理解。	设计反思的目的是在小结学习知识的同时为逐步提高数学素养提供机会。

八、反思

因为锐角三角函数中边的比值与角度的大小有变化中的对应关系，即角度一定时，对边与斜边的比值不变；而角度变大时，对边与斜边的比值变大。所以，有条件的学校，可以让学生自己在计算机上操作实验，利用现代化手段让学生自己探索数学规律。

九、点评

本节课教学材料的选择是从学生已有的知识背景和时常出现在学生身边且触手可及的问题出发，以情境问题的不断提出、解决方法的寻求、实验操作探求规律、对结果的反思等数学活动为主线，确立学生在学习中的主体地位，为学生提供数学实验活动和同伴合作交流的机会，使数学课堂不再沉闷，学习不再枯燥。让学生体会到数学来源于生活，只有很好地掌握数学知识才能更好地服务于生活。

第四章

"统计与概率" 课例

在 "统计与概率" 中, 学生将体会抽样的必要性以及用样本估计总体的思想, 进一步学习描述数据的方法, 进一步体会概率的意义, 能计算简单事件发生的概率。

在教学中, 应注重所学内容与日常生活、自然、社会和科学技术领域的联系, 使学生体会统计与概率对制定决策的重要作用; 应注重使学生从事数据处理的全过程, 根据统计结果作出合理的判断; 应注重使学生在具体情境中体会概率的意义; 应加强统计与概率之间的联系; 应避免将这部分内容的学习变成数字运算的练习, 对有关术语不要求进行严格表述。

统计调查（第一课时）

（七年级下　第十章　第一节）

一、内容标准

1. 能够掌握简单的数据收集和整理过程，了解调查、测量等收集数据的简单方法。

2. 运用自己的方式（文字、图画、表格等）呈现整理数据的结果。

二、教材分析

"统计与概率"领域主要学习收集、整理、描述和分析数据等处理数据的基本方法和概率的初步知识，这些内容在三个学段均有安排，教学要求随着学段的升高逐渐提高。"统计与概率"主要内容有：收集、整理和描述数据；处理数据；分析数据。"统计与概率"这一段落的内容与现实生活联系密切，能激发学生学习数学的热情与积极性，使学生了解到，数学贴近生活，并能应用于生活。本章节内容应该结合具体案例组织教学。

三、学情分析

七年级学生对数据的收集、整理、描述和分析过程有所体验，掌握了一些简单的数据处理技能，但数据处理技能仍不强，尤其对根据调查目的设计调查问卷和用表格整理数据不习惯，所以对收集和整理数据的学习存在一定的困难。在教学设计中，通过搭设台阶，设计提问来降低了学习的难度，也更符合学生的认知特点。本节课是"统计与概率"部分的第一课时，是学生了解"统计与概率"的开始，为后面学好数据的描述、分析等打下基础。

四、教学目标

目标类型	目标内容
知识与技能	1. 了解全面调查的意义。 2. 初步学会简单的数据的收集、整理以及会用条形统计图、扇形统计图直观地描述数据。
过程与方法	通过学生熟悉的身边事物入手，使学生了解到收集、整理、描述数据的必要性及方法。通过学生的动手操作，使学生熟练掌握处理数据的方法。
情感、态度和价值观	1. 从贴近学生生活的身边事物入手，提高学生学习的热情与积极性。 2. 经历全面调查的过程，体验统计与生活的联系，培养学生乐于接触社会环境中的数学信息，养成用数据说话的习惯和实事求是的科学态度。

五、教学重点和难点

重点：数据的收集、整理及描述的过程与方法

难点：绘制扇形统计图和条形统计图

六、教学方法

本课以旧知识为起点，问题为主线，从贴近学生生活的身边事物入手，提高学生学习的热情与积极性，并结合对身边事物的了解，把实际经验转换成数学思想。首先设置问题（1），要求学生考察全班同学喜爱五种电视节目的情况。解决这个问题需要统计调查，首先是收集数据，由此引出利用调查问卷收集数据的方法；对于收集到的数据需要进行整理才能看

出数据分布的规律，这就涉及如何整理数据的问题，我们使用表格来把收集好的数据进行整理；为直观地看出全班同学喜爱五种电视节目的情况，教科书选用了学生在小学已经学过的条形图和扇形图展示了数据的分布规律；最后通过分析统计图表就可以看出全班同学五种电视节目的情况。对于扇形图，学生在小学只能从扇形图中读出信息，不会画出扇形图来描述数据，在本节中，教科书结合问题（1）介绍了如何画出扇形图，这是本学段的一个教学要求。问题（1）的统计调查过程实际上让学生经历了一个收集、整理、描述和分析数据得出结论，即数据处理的一般过程。

　　本课同时使用学案导学法。学案是指导学生建构知识的学习方案，有助于配合教师开展课堂活动，有步骤地建构知识，并及时反馈教学效果。

七、教学过程

教学流程	教师活动	学生活动	设计意图
问题引入	1. 2008 年奥运会在北京召开。问国际奥委会是如何决定的？ 2. 本班同学最喜欢的歌星是谁？ 3. 我们每年的三好学生都是怎么选举的，请你说说详细的过程与方法？ 4. 如果要了解全班同学对体育、新闻、动画、娱乐、戏曲五类电视节目的喜爱情况，你会怎样做？	学生根据提问进行独立思考。 根据投票结果，中国北京得票最多。 学生提出喜欢的歌星都有哪些，然后举手投票选举，看谁的票数最多。 学生独立思考。 学生结合已有知识储备，分析得出简要结果。	通过实际问题，让学生感受到如果要得到某件事物的结果，我们可以采用什么样的方法。 进入主题。

教学流程	教师活动	学生活动	设计意图
活动1 探索新知 (经历收集数据、整理数据、描述数据的过程)	如何收集数据？设计调查问卷，使全班同学能在下面的问卷调查中获取数据。	学生体会绘制调查问卷的作用是什么。	收集数据．学生通过绘制调查问卷的过程，提高自身的观察能力、分析问题。
	调查问卷 在下面五类电视节目中，你最喜欢的是哪一个（　）（只选一个） *A.* 体育　*B.* 新闻 *C.* 动画　*D.* 娱乐 *E.* 戏曲 填完后请将问卷交给数学课代表。	填写自己的问卷，并分析调查问卷是由哪几部分构成的？ 问卷设计的内容一般包括调查中所提问题的设计、问题答案的设计，以及提问顺序的设计。	
	得出全班同学最喜欢的电视节目的数据后，教师把结果 *A*、*B*、*C*、*D* 的选项的结果展示给学生。从上面的数据中，你能看出全班同学喜爱的各类节目的情况吗？喜欢哪类电视节目的人最多呢？对于收集到的数据，往往需要进行整理才能看出数据中的规律，统计中常采用表格来整理数据。	学生发现，全班同学喜爱各类节目的情况一目了然，但是由于班级人数过多，选票结果自然就多，而且杂乱无章很难从中看出规律，到底哪个选项是最多的。 学生了解整理数据的必要性。 请两名同学整理。（在黑板上划记，一名同学念结果，一名同学划记）	整理数据：通过划记法，使学生掌握整理数据的方法
	全班同学最喜爱节目 的人数统计表 | 分类	划记	人数	百分比 | |---|---|---|---| | *A.* 体育 | | | | | *B.* 新闻 | | | | | *C.* 动画 | | | | | *D.* 娱乐 | | | | | *E.* 戏曲 | | | | 表格通常有行和列组成。表格上方一般有表头。	教师引导学生制作好表格进行统计。	

教学流程	教师活动	学生活动	设计意图
	描述数据的方法通常用条形统计图或扇形统计图来直观地反映数据揭示的信息。		描述数据：让学生感受到利用图像把数据描述出来，能够更直观地看出数据的特点和规律，能够更加方便地得出结果。
	条形统计图：就是用坐标的形式来描述。（见附图1） 扇形统计图：用一个圆代表总体，然后将各部分所占的百分比将圆分成若干个部分，再在各部分中标出相应的百分比和名称。（见附图2） 制作扇形统计图关键是确定各部分所占圆心角的大小，它的确定方法就是用该部分数据所占的百分比×360°，如体育所占的百分比是20%，则相对应的圆心角为360°×20%＝72°。 条形统计图与扇形统计图的优缺点各是什么？ 条形统计图能够显示每组中的具体数据，易于比较数据之间的差别； 扇形统计图反映了各部分在总体中所占的百分比的大小，易于显示每组数据相对于总数的大小。	师生共同绘制上面表格中的两种图形。 引导学生读图1、2，并说出全班同学喜爱五种节目的情况（学生描述，教师指正） 学生通过观察得出结论。 教师总结	
活动2 动一动（独立完成数据的收集、整理及描述）	如果要了解全班同学对语文、数学、外语、政治、历史、地理、生物七个学科的喜爱情况，你会怎样做？	首先全班学生一起收集数据，然后根据收集上来的数据独立完成数据的分析，并找部分学生进行板演。	通过学生身边的例子，是学生切实感觉到数据统计在生活中的重要作用，激发学生动手的兴趣与欲望。

第四章 『统计与概率』课例

教学流程	教师活动	学生活动	设计意图
活动3 全面调查的意义	在上面的调查中，我们利用调查问卷得到了全班同学喜爱的学科数据，利用表格整理数据，并用直观形象地描述了数据。利用表和图分析到了喜爱学科的情况。在这个调查中，全班同学是要考查的对象。 考查全体对象的调查就叫做全面调查（也叫做普查）。	学生再说说生活中还有那些全面调查的例子。	进一步认识以上的数学活动。
总结本课	在上面的活动中，全班同学是我们要考查的全体对象，对全体对象进行了调查。像这样考查全体对象的调查属于全面调查。（过程：收集数据、整理数据、描述数据）		

八、反思

今天主要学习了统计调查中如何收集、整理、描述和分析数据，这些过程就是我们统计中的基本过程，特别是要会制作条形统计图或扇形统计图来对数据进行直观形象的描述。教材是从生活中的问题出发，引导学生经历数据处理的一般过程，体会统计调查在生活中的广泛应用，既降低了学习难度，又激发了学生的学习兴趣，在整个探究过程中，学生不仅学习了新的知识，也感受到了统计思想在生活中的应用。

九、点评

处理的全过程，使学本节教材通过一个实际例子介绍全面调查收集和整理数据的方法，让学生亲身经历数据收集、整理、描述和分析数据的活动过程，逐步学会用数据说话，自觉地想到用统计的方法来解决一些问题。统计与现实生活的联系是非常紧密的，这一领域的内容对学生来说应该是充满趣味性和吸引力的。教科书特别注意选择典型的、学生感兴趣的和富有时代气息的现实问题作为例子，在解决这些实际问题的过程中，学习收集、整理和数据的方法，理解统计的概念和原理。例如，第 10.1 节通过调查"喜爱电视节目的情况"这样一个学生感兴趣的案例介绍统计调查方法。本章特别重视统计思想，注意借助案例但不局限于具体问题，强调具体的收集、整理和描述数据的方法都是为落实数据处理的目的服务的，避免把有关内容写成单纯的操作性和技巧性问题，让学生感受统计结果对决策的意义和作用，建立统计观念。

第四章 『统计与概率』课例

直方图（第一课时）

（七年级下　第十章　第二节）

一、内容标准

通过实例，理解频数、频率的概念，了解频数分布的意义和作用，会列频数分布表，画频数分布直方图和频数折线图，并能解决简单的实际问题。

二、教材分析

生活中人们需要学会对数据进行收集、整理和统计，教材从生活中的实际问题出发，安排了频数分布直方统计图的认识和制作，在初中阶段"统计和概率"领域有着承上启下的地位和作用。

三、学情分析

学生在 10.1 节学习了两种调查方式——抽样调查和全面调查，在小学学段学习过条形图、折线图、扇形图等统计图。鉴于学生学习情况，本节内容可分两课时教学，第一课时带领学生感受用频数分布直方图描述数据的全过程；后一节课主要由学生动手做出直方图，巩固知识。

四、教学目标

目标类型	目标内容
知识与技能	1. 了解认识频数分布直方图及相关概念； 2. 解读频数分布直方图； 3. 理解频数分布直方图的特点及与其他描述方法的关系。
过程与方法	在整理、描述数据的过程中，培养学生的统计思想，以及用直观图形表现数学问题的方法。
情感、态度和价值观	通过具体例子展现数学与实际生活的联系。

五、教学重点和难点

重点：认识频数分布直方图及相关概念；掌握几种统计图形的特点。

难点：区分直方图与条形图。

六、教学方法

本课采用学生自学和教师讲授相结合的方法。采用分组合作学习，调动学生动手做统计图的积极性。

七、教学过程

教学流程	教师活动	学生活动	设计意图
提出问题，创设情境	统计某次数学测验成绩，我们除了关心平均分，还关心什么数据？ 教师启发学生以 10 分为一档统计数据，为后面教学进行铺垫。	90 分以上的有多少人？ 80~90 分有多少人？ 70~80 分有多少人？ ……	从学会生活实际出发提出一种统计数据的方法，并类比地用这种方法研究其他数据。

教学流程	教师活动	学生活动	设计意图
	教师提出课本中的问题4（见教学素材），一个有关63名学生身高的数据的整理、描述的问题。如何处理这些数据？用什么样的方法描述才能更好地显示学生身高分布情况呢？	可以找到这组数据中的最大值和最小值，然后适当分成等距的组，统计每组中的数据。	
讲授新知	为了选出身高相差不大的40名学生，可以把学生身高分成若干组，分别统计每组的频数。为了分组，我们可以先找出数据中的最大值与最小值。 下面我们把每小组两个端点之间的距离称为组距。整理数据之前需要先确定组距，组距不同组数就会不同。下面把学生分成3组，第一组组距为3分组；第二组组距为4分组；第四组组距为5分组。 教师及时提出： $\dfrac{最大值-最小值}{组距}$ = 组数 （除得结果非整数，一律进一） 学生前面一节学过划记这种整理数据的方法。指导学生按各自分组列出频数分布表。 为了直观地描述表中的数据，体育老师用坐标系横轴表示脉搏次数，标出每组的两个端点，纵轴表示频数（学生人数），每个矩形的高表示对应组的频数。	最大值为172，最小值为149。 以3为组距： 分成 $149 \leqslant x < 152$，$152 \leqslant x < 155$，$155 \leqslant x < 158$，$158 \leqslant x < 161$，$161 \leqslant x < 164$，$164 \leqslant x < 167$，$167 \leqslant x < 170$，$170 \leqslant x < 173$，共8组。 以4为组距： $149 \leqslant x < 153$，$153 \leqslant x < 157$，$157 \leqslant x < 161$，$161 \leqslant x < 165$，$165 \leqslant x < 169$，$169 \leqslant x < 173$，共6组。 以5位组距： $149 \leqslant x < 154$，$154 \leqslant x < 159$，$159 \leqslant x < 164$，$164 \leqslant x < 169$，$169 \leqslant x < 174$，共5组。 | 身高	频数
---	---
$149 \leqslant x < 152$	2
$152 \leqslant x < 155$	6
$155 \leqslant x < 158$	12
$158 \leqslant x < 161$	19
$161 \leqslant x < 164$	10
$164 \leqslant x < 167$	8
$167 \leqslant x < 170$	4
$170 \leqslant x < 173$	2		采用分组活动的方式，让每个组的同学以不同组距分组，感受组距组数都是怎样确定的。让每个学生参与用频数分布直方图整理描述数据的全过程。

教学流程	教师活动	学生活动	设计意图
	教师在黑板上画出以3位组距的情况。再请两名同学在黑板上画出另两种分组的统计图。 		
分析结果，深入研究	请每组提出选择学生的身高标准，并比较各组结果。经比较发现以3位组距分组最好。教师总结分组不宜过多，也不能太少。 有的时候，也用矩形的面积表示频数，那么矩形的高又表示什么呢？ 既然面积表示频数，宽表示组距，那么根据矩形面积公式，面积＝高×宽，所以高则表示面积与宽的比值，即频数与组距的比值。如图： （不要求学生画这种直方图） 	以3位组距： $155 \leqslant x < 158$，$158 \leqslant x < 161$，$161 \leqslant x < 164$，三个组人数最多，共41人，因此可以从身高 155 ~ 164cm（不含164）的学生中选取队员。 以4为组距： $153 \leqslant x < 157$，$157 \leqslant x < 161$，$161 \leqslant x < 165$，三个组人最多，分别为13，24，13。共50人。与题目要求太远，不好决定。 以5为组距： $154 \leqslant x < 159$，$159 \leqslant x < 164$，两组频数最大，为24和21，共45人，可从154 ~164cm（不含164）的学生中选取40名队员。	会用所学知识解决实际问题。 介绍另一种直方图，即纵轴变为频数/组距。
联系与区别	就以上所学直方图与我们前面所学条形图在图形上有些相似，你能说说它们有什么相同与不同吗？ 相同之处：	观察书中的直方图。思考直方图的特点，比较直方图与条形图的不同之处。可以采取小组讨论的形式。	由于直方图与条形图在形式上很相似，有必要让学生加以区分，并说明各自适用于描述哪类数据。

第四章 『统计与概率』 课例

教学流程	教师活动	学生活动	设计意图
	相同之处：条形图与直方图都是在坐标系中用矩形的高来表示频数的图形。 不同的是： 1. 直方图组距是相等的，而条形图不一定； 2. 直方图各矩形间无空隙，而条形图则有空隙； 3. 直方图可以显示各组频数分布的情况，而条形图不能明确反映这点。 我们来归纳直方图的特点，请同学们讨论一下。 直方图特点： 1. 能够显示各组频数分布情况； 2. 易于显示各组之间频数的差别。 由此可知，统计中常见的条形图、扇形图、折线图和直方图各有特点。它们可以从不同的角度清楚、有效地描述数据。我们可以根据实际需要及各自特点选用适当的描述方法。		
应用新知	江涛同学统计了他家 10 月份的长途电话清单，请按通话时间画出直方图。 	通话时间 x 分	通话次数
---	---
$1 \leqslant x < 5$	25
$5 \leqslant x < 10$	18
$10 \leqslant x < 15$	8
$15 \leqslant x < 20$	10
$20 \leqslant x < 25$	16			能应用直方图描述数据。

八、反思

1. 融教学内容于具体情境之中。

在教学过程中，无论是复习旧知、新授学习，还是巩固训练都设置了学生熟悉的生活情境，使学生感到亲切有趣，感受到了直方图在描述数据方面的魅力和现实意义，学生易于接受和理解。也体现"学数学，用数学"的新课程理念。

2. 充分利用现代媒体手段，激发学生兴趣。

由于本课教学过程中，使用统计图表的地方较多，因此，教学设计中充分利用现代多媒体的直观、形象作用，制成动画播放，有效地吸引了学生的注意力，调动了学生的积极性，学生在轻松愉快的气氛中学习既学到了知识，又受到了教育。同时也增大了教学容量，取得了较好的教学效果。

3. 分化重、难点，突出知识的形成过程。

本课充分尊重教材，书中"以身高为依据确定选人标准问题"很好地体现了频数分布的作用。教师使用了这个问题，把学生分成三组，让他们以不同的组距分组研究问题。不像书中直接给出以 3 为组距，让学生一头雾水。学生经历了知识的发生、发展和形成的过程，把知识的发现权交给学生，让他们在获取知识的过程中，体验到了成功的喜悦，体现了学生的主体作用。教师又把用面积表示频数的直方图教学放在整个问题解决之后，作为一个次要内容讲解，不会让学生产生知识的陌生感和距离感，在学生已经接受了直方图后，在对其纵轴作一些改变，学生也就易于接受了。

九、点评

这课知识点看似不多，内容看似浅显，但若要还原"知识的生命形态"，以什么样的方式呈现给学生，却很关键。这样的课上好绝不轻松，需要看老师对教材的挖掘和发挥。

从数据的整理到制作频数分布表，再到画频数分布直方图，最终解决问题都是学生分组合作完成的，教师只起到一个组织者、合作者和指导者的作用。通过学生独立思考、小组交流、生生互动，学生对如何确定组距、组数，画直方图、直方图与条形图的区别的掌握自然形成。整节课都是老师在唤醒学生的主体意识，落实学生的主体地位，促进师生智慧的生成和生命的共同成长，真正体现尊重学生、关注探究、重视讨论、合作学习。

用列举法求概率

（九年级上　第二十二章　第二节）

一、内容标准

能列出随机现象所有可能的结果，以及指定事件发生的所有可能结果，了解事件发生的概率。

二、教材分析

本节内容主要向学生介绍列表法和树形图法。与教科书中例4类似，例5的每次试验也是包含两步，但每一步可能产生的结果数却远比例4多，有6个。这样，用例4那样简单的列举法就有些捉襟见肘了，这时教科书给出了一种比较方便的列举方法——列表法，这种方法适合在两步的试验中，每一步出显的结果较多的情况。采用这种方法可以一目了然地看出投掷两个骰子可能出现的所有结果为6×6＝36个。与例5相比，例6的难度又有进一步的提高，所提问的两个事件对应的试验都包含了3步，对于包含3步的试验，是一个三维问题，用例5中列表的方法来列举出所有可能的结果已经不可能。为此，教科书在例题中给出了一种新的列举方法——树形图法，树形图法是一种适应性比较广泛的方法，能够用列表法解决的问题当然也能用树形图法来解决，应该说，这种方法是第三学段的学生在尚未掌握概率乘法的情况下，用处最广泛的方法。

三、学情分析

本节课的内容是第二十二章第二节"用列举法求概率"的第 3 课时，主要介绍用列表法和树形图法求概率。从上节课所学用列举法求概率出发，以探寻快捷准确的新方法为目的，以两个实际问题为载体，通过学生动手解决问题、观察、分析、评价解题方法获得新知。

四、教学目标

目标类型	目标内容
知识与技能	1. 使学生在具体情境中了解概率的意义，能够运用列举法（包括列表、画树形图）计算简单事件发生的概率，并阐明理由。 2. 使学生能够从实际需要出发，判断何时选用列表法或画树形图法求概率更方便。
过程与方法	1. 通过观察列举法的结果是否重复和遗漏，总结列举不重复不遗漏的方法，培养学生观察、归纳、分析问题的能力。 2. 通过应用列表法或画树形图法解决实际问题，提高学生解决问题的能力，发展应用意识。
情感、态度和价值观	引导学生对问题观察、质疑，激发学生的好奇心和求知欲，使学生在运用数学知识解决的活动中获得成功的体验，建立学习的自信心。

五、教学重点和难点

重点：能够运用列表法和树形图法计算简单事件发生的概率，并阐明理由。

难点：判断何时选用列表法或画树形图法求概率更方便。

六、教学方法

本节课设计了六个教学活动，难易程度由浅入深，层层递进，解决问题以学生为主，发挥学生的集体智慧，教师从中指导、总结、示范。在教学过程中，强调学生形成积极主动的学习态度，关注学生的学习兴趣和体验，充分体现"数学教学主要是数学活动的教学"这一教育思想。

七、教学过程

教学流程	教师行为	学生行为	设计意图
活动1 问题 (1) 具有何种特点的试验称为古典概型? (2) 对于古典概型的试验，如何求事件的概率?	教师做适当指导。	学生回答: (1) 一次试验中，可能出现的结果是有限多个;各种结果发生的可能性相等。具有以上特点的试验称为古典概型。 (2) 对于古典概型的试验，我们可以从事件所包含的各种可能的结果在全部可能的试验中所占的比分析出事件的概率。 一般地，如果在一次试验中，有 n 种可能的结果，并且它们发生的可能性都相等，事件 A 包含其中的 m 种结果，那么事件 A 发生的概率为 $P(A) = \dfrac{m}{n}$	通过回答的方式，帮助学生回忆上节课所学的知识，为本节课的学习准备好知识基础。

教学流程	教师行为	学生行为	设计意图
活动2 问题 掷一颗普通的正方形骰子，求： (1) "点数为1"的概率。 (2) "点数为1或3"的概率。 (3) "点数为偶数"的概率。 (4) "点数大于2"的概率。	教师做适当指导。	学生思考后解答： 掷一个骰子时，向上一面的点数可能为1，2，3，4，5，6，共6种，这些点数出现的可能性相等。 (1) P（点数为1）$= \dfrac{1}{6}$ (2) P（点数为1或3）$= \dfrac{1}{6} + \dfrac{1}{6} = \dfrac{1}{3}$ (3) 点数为偶数有3种可能，即点数为2，4，6，P（点数为偶数）$= \dfrac{3}{6} = \dfrac{1}{2}$ (4) 点数大于2有4种可能，即点数为3，4，5，6，P（点数大于2）$= \dfrac{4}{6} = \dfrac{2}{3}$	通过简单的回顾练习，使学生进一步在具体情境中了解概率的意义，能阐明运用列举法计算简单事件发生的概率的理由，为本节课探索列表法和树形图求概率奠定基础。
活动3 问题 (1) 同时掷两个质地均匀的骰子，计算下列事件的概率： ①两个骰子的点数相同。 ②两个骰子点数的和是9。 ③至少有一个骰子的点数为2。 (2) 列举时如何才能避免重复和遗漏？ （3）重新用列表法解	教师组织学生讨论。学生经过讨论发言，最后由教师总结分析：当一次试验要涉及两个因素（例如掷两个骰子）并且可能出现的结果数目较多时，为不重不漏的列出所有可能的结果，通常采用列表法。我们不妨把两个骰子分别记为第1个和第2个，这样就可以	学生思考、解答、发言。 由于本题用列举法求解，所列内容较多，教师应组织学生重点观察解答中列举的内容有无遗漏、有无重复。 教师提问，学生思考、回答。	通过对较为复杂的概率问题的探索，激发学生找到新解法的学习欲望。 通过学生自主探求列表法，使学生对何时应用列表法，如何应用列表法有更深的理解。 指导学生如何规范地应用列表法解决概率问题。 使学生在不同的情境下体会列表法的特点。

教学流程	教师行为	学生行为	设计意图
决上题。 4. 如果把题目中的"同时掷两个骰子"改为"把一个骰子掷两次",所得到的结果有变化吗?	用下面的方形表格列举出所有可能出现的结果。 教师结合教科书表25-4,指导学生体会列表法对列举所有可能结果所起的作用,总结并解答。		
活动4 问题 (1) 甲口袋中装有2个相同的小球,它们分别写有字母 A 和 B;乙口袋中装有3个相同的小球,它们分别写有字母 C、D 和 E;丙口袋中装有2个相同的小球,它们分别写有字母 H 和 I。从3个口袋中各随机的取出1个小球。 ①取出的3个小球上恰好有1个、2个和3个元音字母的概率分别是多少? ②取出的3个小球上全是辅音字母的概率是多少? (2) 总结何种概率问题适合用树形图法解决。	教师组织学生分析本题如何应用列举法和列表法的可行性。 教师介绍树形图法:当一次试验要涉及3个或更多因素(例如从3个口袋中取球)时,列方形表就不方便了,为不重不漏的列出所有可能的结果,通常采用树形图。解法参见教科书。 用树形图列举出的结果看起来一目了然,当事件要经过多次步骤(3步以上)完成时,用这种"树形图"的方法求事件的概率很有效。	学生积极思考、解答。	通过对本题解法的分析,激发学生学习新方法的学习欲望。 通过示范树形图解法,加深学生对此种解法的理解,使学生初步掌握用树形图法解决概率问题的技能。 加深学生对树形图解法的理解。

教学流程	教师行为	学生行为	设计意图
活动5 想一想，什么时候使用列表法方便，什么时候使用树形图法方便？ 练习（1）：在6张卡片上分别写有1~6的整数。随机地抽取一张后放回，再随机的抽取一张。那么第一次取出的数字能够整除第二次取出的数字的概率是多少？ 练习（2）：经过十字路口的汽车，它可能继续直行，也可能向左转或向右转。如果这三种可能性大小相同，三辆汽车经过这个十字路口，求下列事件的概率： ①三辆汽车全部继续直行。 ②两辆车向右转，一辆车向左转。 ③至少有两辆车向左转。	教师做适当指导。	学生思考，做练习（1）。 由附表一可以看出，可能出现的结果有36个，它们出现的可能性相等。 满足条件（记为事件A）的结果有14个，即（1，1）（1，2）（1，3）（1，4）（1，5）（1，6）（2，2）（2，4）（2，6）（3，3）（3，6）（4，4）（5，5）（6，6）所以 $P(A) = \dfrac{14}{36} = \dfrac{7}{18}$ 学生思考，做练习（2）。 由附图一可以看出，可能出现的结果有27个，它们出现的可能性相等。 （1）三辆车全部继续直行的结果只有一个；P（三辆车全部继续直行）$= \dfrac{1}{27}$ （2）两辆车向右转，一辆车向左转结果有3个；P（两辆车向右转，一辆车向左转）$= \dfrac{3}{27} = \dfrac{1}{9}$ （3）至少有两辆车向左转结果有7个；P（至少有两辆车向左转）$= \dfrac{7}{27}$	巩固学生对列表法和树形图法的理解和认识。 使学生能够从实际需要出发，判断何时选用列表法或树形图法求概率更方便，巩固学生使用列表法和树形图法求概率的技能。
活动6 小结： 这节课我们学习了哪些内容，有什么收获？	教师重点关注不同层次的学生对本节知识的理解、掌握程度。	学生自己总结发言，不足之处由其他学生补充完善。	提炼对列举法中的列表法和树形图法的认识。 了解教学效果，及时调整教学。

附表一

第1次 第2次	1	2	3	4	5	6
1	(1, 1)	(2, 1)	(3, 1)	(4, 1)	(5, 1)	(6, 1)
2	(1, 2)	(2, 2)	(3, 2)	(4, 2)	(5, 2)	(6, 2)
3	(1, 3)	(2, 3)	(3, 3)	(4, 3)	(5, 3)	(6, 3)
4	(1, 4)	(2, 4)	(3, 4)	(4, 4)	(5, 4)	(6, 4)
5	(1, 5)	(2, 5)	(3, 5)	(4, 5)	(5, 5)	(6, 5)
6	(1, 6)	(2, 6)	(3, 6)	(4, 6)	(5, 6)	(6, 6)

附图一

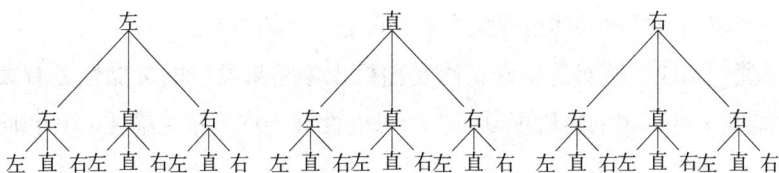

八、反思

本节课也可以让学生自己挖掘现实生活中的概率问题，与大家共同交流采用何种方法（列表法和树形图法）解决。

九、点评

本节课设计了6个教学活动，难易程度由浅入深，层层递进，解决问题以学生为主，发挥学生的集体智慧，教师从中指导、总结、示范。在教学过程中，强调学生形成积极主动的学习态度，关注学生的学习兴趣和体验，充分体现"数学教学主要是数学活动的教学"这一教育思想。

随机事件与概率（第一课时）

（九年级上　第二十五章　第一节）

一、内容标准

1. 能根据给定的标准或者自己选定的标准，对具体事物或数据进行分类，感受分类与标准的关系。

2. 能够列出简单的随机现象中所有可能发生的结果。

3. 通过实验、游戏等活动，感受随机现象结果发生的可能性是有大小的，能对一些简单的随机现象发生的可能性大小作出定性描述，并和同学交流。

二、教材分析

本节属于"统计与概率"领域的内容。对于"统计与概率"的内容，本套教科书共安排了四章，前三章是统计，最后一章是概率。在本章，学生将学习一种用确定性的数学来研究不确定现象的模型——概率。对于随机事件及其概率的认识，学生需要一个较长时期的认知过程。然而，本节的随机事件的概念学习，是为之后的概率知识的学习打下基础。

三、学情分析

在前两个学段，学生对事件发生的可能性的大小已经有了初步的认识。前面所学的数学知识中，其结果大多是确定的，而从本节课开始就要接触结果不确定的问题——随机事件。它既是生活中存在的大量现象的一个反映，又是概率论知识的基础。因此，学好它既能解决生活中的一些常见问题，也为今后的学习打下不可替代的基础。

四、教学目标

目标类型	目标内容
知识与技能	1. 理解必然事件、不可能事件、随机事件的概念；理解随机事件在大量重复试验的情况下，它的发生呈现的规律性。 2. 区分必然事件、不可能事件和随机事件；在改变条件的情况下，必然事件、不可能事件和随机事件可以互相转化。 3. 能列出随机现象所有可能的结果，以及指定事件发生的所有可能结果，了解事件发生的概率。
过程与方法	经历活动、猜测、试验、收集、整理和总结试验结果等过程，会判断必然事件、不可能事件、随机事件。
情感、态度和价值观	学生通过亲自演示，亲身体验，感受数学就在身边，促进学生喜欢数学，乐于亲近数学。让学生在与他人合作中增强互助、协作的精神。体验数学与生活密切相关，激发学生学以致用的热情，培养学生的数学素养。

五、教学重点和难点

重点：能对必然事件、随机事件、不可能事件的类型作出正确判断。
难点：必然事件、随机事件、不可能事件、的区别与转化关系。

六、教学方法

本课同时使用学案导学法。这种方法给学生提供一种帮助他们学习的工具和学习材料，以逐步培养学生的自主学习能力，同时通过这种形式，改善学生对教师教授内容的预期水平和注意状况，使学生能通过自己的预习和复习等调节活动适应教师的课程的学习和教师的讲课内容。

本节注重联系实际问题，和学生一起挖掘身边的素材进行教学，使学生在解决实际问题的过程中，体会随机的思想，培养概率思维，同时也使学生感受到数学与实际生活的密切联系，体会数学知识在解决现实问题中的作用，调动学生学习统计概率知识的积极性。同时使学生能够明确意识到新旧知识之间的相互联系，梳理知识结构体系，提供相关知识介绍和实践应用情况的介绍，促进学生从多方面、多角度进行知识体系的主动建构，促使学生认识到所学知识本身的价值；或者通过创设一种特定的学习和问题情景，使学生懂得所学知识在解决具体问题时的作用和价值。

七、教学过程

教学流程	教师活动	学生活动	设计意图
情境引入	天气预报报道明天降水概率为90%，这就意味着明天有很大的可能性下雨（雪）。现在，概率这一知识被广泛应用于实际生活。	举出实际生活中的概率实例。	创设情境，激发学生兴趣，引出本节内容。
活动1学生容易理解或亲身经历过的抽签活动，省时而且操作简单。	5名同学参加演讲比赛，以抽签方式决定每个人的出场顺序。签筒中有5根形状大小相同的纸签，上面分别标有出场的序号1，2，3，4，5。小军首先抽签，他在看不到的纸签上的数字的情况从签筒中随机（任意）地取一根纸签。请考虑以下问题： (1) 抽到的序号有几种可能的结果？	每次抽签的结果不一定相同，事先不能预料一次抽签会出现哪一种结果。 (1) 序号1，2，3，4，5都有可能抽到，共有5种可能的结果。	

教学流程	教师活动	学生活动	设计意图
	（2）抽到的序号小于6可能吗？ （3）抽到的序号会是0吗？ （4）抽到的序号会是1吗？	（2）抽到的序号一定是小于6的。 （3）抽到的序号绝对不是0。 （4）事先无法确定，抽到的序号可能是1，也可能是其他的数。	事件（4）就是一个典型的事件，这个活动中含有丰富的随机事件，它的提出可以引发学生探究欲望，从而产生新的认知兴趣。
活动2 随机事件的概念不同于其他数学概念对学生来说比较陌生，多引入一个例题，可以帮助学生更好的理解概念。	小伟掷一个质地均匀的正方形骰子，骰子的六个面上分别刻有1至6的点数。请考虑以下问题，掷一次骰子，观察骰子向上的一面： （1）可能出现哪些点数？有几种可能？ （2）出现的点数大于0，可能吗？ （3）出现的点数会是7吗？ （4）出现的点数是4，可能吗？	每次投掷骰子的结果不一定相同，事先不能预料投掷一次骰子会出现哪一种结果。 （1）从1到6的每一个点数都有可能出现，所有的可能点数共有6种。 （2）出现的点数肯定大于0。 （3）出现的点数绝对不会是7。 （4）出现的点数可能是4，也可能是其他的数，事先无法确定。	进行活动2便于学生分析随机事件的现象，从而为学生自主描述随机事件这一概念作下铺垫。
讲授新知："随机事件"、"必然事件"、"不可能事件"的概念。	在一定条件下可能发生也可能不发生的事件叫随机事件。 在一定条件必然要发生的事件叫必然事件。 在一定条件下不可能发生的事件叫不可能事件。	通过分析以上两个活动，同学之间通过充分讨论、交流、总结，然后归纳出概念。并指出其中的"随机事件"、"必然事件"、"不可能事件"。	概括出随机事件的特性本质，要理解随机事件的含义，由学生描述随机事件的概念。

教学流程	教师活动	学生活动	设计意图
活动3 练习（下列各题哪些是"随机事件"、"必然事件"、"不可能事件"）	（1）"两直线平行，同位角相等"。 （2）"抛一石块，下落"。 （3）"经过有信号灯的十字路口，遇见红灯"。 （4）"某人射击一次，中靶"。 （5）"掷一枚硬币，出现正面"。 （6）"在装有3个球的布袋里摸出5个球"。 以抢答的形式，由教师鼓励学生做好这6题，并给予答对的同学一定的奖励。	学生分析：（1）（2）是肯定发生的必然事件，（6）是不可能事件，而（3）（4）（5）是有可能发生，也可能不发生的随机事件。	通过本例题要让学生分清三种事件，学生不难掌握。同时，以抢答的形式，充分调动学生学习积极性，激发了学生的学习热情。
活动4 为求随机事件概率准备	袋子中装有4个黑球2个白球，这些球的形状、大小、质地等完全相同。在看不到球的条件下，随机地从袋子中摸出一个球。 （1）这个球是白球还是黑球？ （2）如果两种球都有可能被摸出，那么摸出黑球和摸出白球的可能性一样大吗？	每名同学随机地从袋子中摸出一个球，记下球的颜色，然后把球重新放回袋子，汇总全班同学摸球的结果。	学生会提出不同的想法，为了验证他们的想法可以动手实践一下。
	上面的摸球活动，"摸出黑球"和"摸出白球"是两个随机事件，一次摸球可能发生"摸出黑球"，也有可能发生"摸出白球"，事先不能确定哪个事件发生。但是由于两种球的数量不相等，所以事实上"摸出黑	归纳：随机事件发生的可能性有大有小，不同的随机事件发生的可能性的大小有可能不同。	感受随机现象结果发生的可能性是有大小的，能对一些简单的随机现象发生的可能性大小作出定性描述。

教学流程	教师活动	学生活动	设计意图
	球"与"摸出白球"的可能性的大小是不一样的，"摸出黑球"的可能性大于"摸出白球"的可能性。		
总结 本课	(1) 必然事件、不可能事件、随机事件时在一定条件下发生的，当条件变化时，事件的性质也发生变化。 (2) 随机事件在相同条件下进行大量试验时，呈规律性。但是不同的随机事件发生的可能性的大小有可能不同。		教师总结本课的知识要点。

八、反思

本节教师通过大量鲜活、生动的例子，让学生在充分感受实际生活例子的基础上，准确理解和掌握随机事件的相关概念。因为学生从前从未接触过结果不确定的数学问题，对随机事件概念的可能一时难以理解，所以通过一系列的活动，让学生通过观察，积极思考，动手操作，充分交流和讨论。逐步加深对随机事件的概念和特点的理解和把握。从而充分调动、激发学生学习思维的积极性，体现教师是学生学习的组织者、参与者和促进者，学生是学习中的主体。

九、点评

在本节中，通过设置的活动 1 的抽签问题和活动 2 的掷骰子问题，让学生来感受到，在一定条件下重复进行实验时，有些事件是必然发生的，有些事件是不可能发生的，有些事件是有可能发生也有可能不发的。在分析了活动 1 和活动 2 后，学生就能够判断一个事件是必然会发生的事件、不可能发生的事件还是随机事件。活动 4 是一个摸球问题，通过这个问题要使学生在前两个学段知识的基础上进一步认识随机事件发生的可能性，即：一般地，随机事件发生的可能性有大有小，不同的随机事件发生的可能性大小有可能不同。通过活动 4 的学习，使学生能够初步判断几个事件发生的可能性的相对大小。

随机事件与概率（第二课时）

（九年级上　第二十五章　第一节）

一、内容标准

1. 能列出随机现象所有可能的结果，以及指定事件发生的所有可能结果，了解事件发生的概率。

2. 知道通过大量地重复试验，可以用频率来估计概率。

二、教材分析

本节属于"统计与概率"领域，对于该领域的内容，本套教科书共安排了四章，这四章采用统计和概率分开编排的方式，前三章是统计，最后一章是概率。一方面，概率与统计相对独立，另一方面概率又以统计为依托。本节概率知识的学习要以前三章的统计部分的知识为基础。本节的主要内容是在学生掌握随机事件的定义之后，进一步学习随机事件的概率的定义，以及计算等可能随机事件概率的方法。

三、学情分析

学生在前两个学段已经接触到了一些与可能性有关的初步知识，本节的主要内容是在学生掌握随机事件的定义之后，学习更加数学化和抽象化地描述可能性的知识——概率。对于随机事件概率的认识，学生需要一个较长时期的认知过程。学生对概率思想的理解和掌握会随着自身年龄的增长以及知识面和生活经验的延伸而发展。所以在教学过程中，让学生通过具体的实验操作获得一定的活动经验，促进对概率意义的理解与掌握，不可操之过急。

四、教学目标

目标类型	目标内容
知识与技能	1. 在具体情境中了解概率的意义，体会概率是描述不确定现象的规律的数学模型，理解概率的取值范围的意义，发展随机观念。 2. 能够准确计算发生的可能性都相等的随机事件的概率。
过程与方法	通过概率与实际生活问题的结合，体会概率在采取决策解决现实问题中的作用，体会随机的思想，调动学生学习数学的兴趣。
情感、态度和价值观	1. 通过学生对于概率知识的学习，理解随机观念及概率的思想方法。 2. 概率的学习与实际问题紧密结合，通过概率的学习，使得学生体会数学与现实生活的联系紧密，体会概率在采取决策解决现实问题中的作用，调动学生学习统计概率知识的积极性，从而激发学生学习数学的兴趣。 3. 在解决实际问题的过程中，使学生体会随机的思想，培养概率思维。

五、教学重点和难点

重点：概率的定义及取值范围的意义，以及求发生的可能性都相等的随机事件的概率的方法。

难点：求发生的可能性都相等的随机事件的概率的方法。

六、教学方法

本节使用教师引导和学生自主探究相结合的方法。为使新概念变为学生自己的知识，就要根据学生的生活、学习经验创设丰富的问题情境，同时引导学生经过观察、分析、归纳、判断等复杂的思维过程，以及亲身的体验，才能掌握好所学知识，大大提高课堂效率。

本课同时使用学案导学法。以学案教案为载体，突出学生的自学行为，注重学法指导，强化能力培养。有助于学生梳理知识结构体系，明确意识到新旧知识之间的相互联系，促进学生从多方面、多角度进行知识体系的主动建构。

七、教学过程

教学环节	教师活动	学生活动	设计意图
复习引入	还记得什么是"随机事件"、"必然事件"、"不可能事件"吗？	学生通过提问回答：在一定条件下可能发生也可能不发生的事件叫随机事件。在一定条件必然要发生的事件叫必然事件。在一定条件下不可能发生的事件叫不可能事件。	问题（1）：复习上节课的概念，也为本节课研究概率定义及求法做好铺垫。
	指出下列事件中，哪些是必然事件，哪些是不可能事件，哪些是随机事件： （1）太阳从西边下山； （2）某人的体温是100℃； （3）$a^2 + b^2 = -1$（其中a，b都是实数）； （4）水往低处流； （5）酸和碱反应生成盐和水； （6）三个人性别各不相同； （7）一元二次方程$x^2 + 2x + 3 = 0$无实数解。	学生积极抢答。 事件（1）、（4）、（5）、（7）是必然事件。 事件（2）、（3）、（6）称为是不可能事件。 事件（8）、（9）、（10）称为是随机事件。	问题（2）：鼓励学生积极思考，并给予奖励。复习知识的同时，也可以为课堂教学营造民主和谐的气氛，激发学生学习兴趣。

教学环节	教师活动	学生活动	设计意图
	（8）掷一次骰子，向上一面是3点； （9）经过有信号灯的十字路口，遇见红灯； （10）抛掷一千枚硬币，全部正面朝上。 第（10）题可能出现不同答案，这是意料之中的，意在让学生明白，只要可能性存在，哪怕可能性很小，我们也不能认定它为不可能事件；同样，尽管某些事件发生的可能性很大，也不能等同于必然事件。		
创设情境：通过这两个实验可以发现概率的定义，还可以看作是从另一角度出发给出概率的古典定义。	5名同学参加演讲比赛，以抽签方式决定每个人的出场顺序。签筒中有5根形状大小相同的纸签，上面分别标有出场的序号1，2，3，4，5。小军首先抽签，他在看不到纸签上的数字的情况从签筒中随机（任意）地取一根纸签。 （1）抽到的序号是1的可能性有多大？ （2）抽到的序号是3的可能性有多大？ （3）抽到的序号是5的可能性有多大？	学生容易依据生活经验可以猜到正确结论。 抽出的纸签上的号码有5种可能，即：1，2，3，4，5。由于纸签形状大小相同，又是随机抽取，所以每个号被抽到的可能性大小相等，都是全部可能结果总数的 $\frac{1}{5}$。	"抽签"试验为学生所熟知，学生接触起来感觉亲切、有趣，这样易于激发学生的学习热情。

教学环节	教师活动	学生活动	设计意图
	小伟掷一个质地均匀的正方形骰子，骰子的六个面上分别刻有1至6的点数。请考虑以下问题，掷一次骰子，观察骰子向上的一面： (1) 出现的点数是1的可能有多大？ (2) 出现的点数是3的可能有多大？ (3) 出现的点数是6的可能有多大？	学生容易根据生活经验以及上题的结果得到正确结论。 骰子向上的一面的点数有6种可能，即1，2，3，4，5，6。由于骰子形状规则、质地均匀，又是随机掷出，所以出现每种结果的可能性大小相等，都是全部结果总数的$\frac{1}{6}$。	"掷骰子"试验也是为学生们所熟知的，实验结果"出现的点数"的可能性一样大，具有公平性，为求等可能随机事件的概率打下基础。
	教师引导学生发现以上实验的共同特点并给予总结： (1) 每一次试验中，可能出现的结果只有有限个。 (2) 每一次试验中，各种结果出现的可能性相等。对于具有上述特点的实验，我们可以从事件所包含的各种可能的结果数在全部可能的结果数中所占的比，分析出事件发生的可能性大小，即：事件发生的概率。	学生通过小组合作分析实验的共同特点。 例如，在上面的抽签实验中，"抽到的序号是1"这个事件包含1种结果，在全部5种可能的结果中所占的比为$\frac{1}{5}$。	使学生养成动脑筋，总结知识特点的学习习惯，同时明白小组合作的优势。
讲授新知	一般地，对于一个随机事件A，我们把刻画其发生可能性大小的数值，称为随机事件A发生的概率，记为$P(A)$。	通过引导，学生主动把概念与之前的例题相结合，有助于理解概念和发展思维。 上述数值$\frac{1}{5}$，$\frac{1}{6}$反映了实验中相应随机事件发生的可能性大小，即随机事件发生的概率。	概率的定义是本节的教学重点，这个结论由学生总结得出，体现出学生自主学习的理念，有利于学生思维的发展。

教学环节	教师活动	学生活动	设计意图
	在上面的抽签实验中，"抽到的序号是偶数号"这个随机事件的概率是 P（抽到偶数号）＝_____。	学生独立完成。 这个事件包含抽到 2，4 这两种结果，在全部 5 种可能的结果中所占的比为 $\dfrac{2}{5}$，所以这个事件的概率 P（抽到偶数号）＝ $\dfrac{2}{5}$。	练习：加深对概率定义以及求法的理解和应用。
	一般地，如果在一次试验中，有 n 种可能的结果，并且他们发生的可能性都相等，事件 A 包含其中的 m 种结果，那么事件 A 发生的概率 $P(A)＝\dfrac{m}{n}$。 由 m 和 n 的含义可知 $0 \leqslant m \leqslant n$，进而 $0 \leqslant \dfrac{m}{n} \leqslant 1$，所以，随机事件的概率大于 0 而小于 1，即 $0 < P(A) < 1$。 这个归纳引导学生自主完成，体现了以学生为主体，让学生自主探索、自主学习的理念。	学生归纳总结。	归纳：这是本节课的主要内容之一，同样也是本节难点。也为下一步引导学生开展探索交流活动打下基础。
	必然事件和不可能事件的概率为多少？	学生通过思考容易得到。必然事件的概率为 1。不可能事件的概率为 0。	思考：这个问题的提出，是为了打消学生的误会——不是只有随机事件才有概率。

教学环节	教师活动	学生活动	设计意图
	求下列各题的概率： (1) 掷一枚均匀硬币，出现"正面向上"的概率是多少？ (2) 掷一枚骰子，观察向上一面的点数，出现"点数是3"的概率是多少？出现"点数是3的倍数"的概率是多少？出现"点数是奇数"的概率是多少？ (3) 本班有60名学生，其中女生24人，现任选1人，则被选中的是男生的概率是多少？被选中的是女生的概率是多少？	学生基本上能自主完成，然后教师进行评价总结。 (1) P（正面向上）$=\dfrac{1}{2}$。 (2) P（点数是3）$=\dfrac{1}{6}$；"点数是3的倍数"包括正面是3和6两种情况，概率 P（点数是3的倍数）$=\dfrac{2}{6}=\dfrac{1}{3}$；"点数是奇数"包括正面分别为1，3，5三种情况，概率 P（点数是奇数）$=\dfrac{3}{6}=\dfrac{1}{2}$。 (3) "选到男生"包括36位女生，概率 P（选到男生）$=\dfrac{36}{60}=\dfrac{3}{5}$；"选到女生"包括24位女生，概率 P（选到女生）$=\dfrac{24}{60}=\dfrac{2}{5}$。	让学生熟悉求概率方法。由于抛硬币、抛骰子都是学生熟悉的事件，放手让学生根据上节课的实验及日常经验去分析。
	如图：转盘分成7个相同的扇形，颜色分为红、绿、黄三种颜色。指针的位置固定，转动转盘后任其自由停止，其中的某个扇形会恰好停在指针所指的位置（指针指向两个扇形的交线时，当作指向右边的扇形），求下列事件的概率：	学生克服困难，积极思考，小组协作完成。 按颜色把7个扇形分别记为：红1，红2，红3，绿1，绿2，黄1，黄2，所有可能结果的总数为7。 (1) 指针指向红色（记为事件A）的结果有3个，即	锻炼学生使用求概率方法，进一步引导学生开展探索交流活动。

教学环节	教师活动	学生活动	设计意图
	 （1）指针指向红色； （2）指针指向红色或黄色； （3）指针不指向红色。 学生看到这个问题可能无从下手，教师巡视学生分组试验情况，可以给予适当引导：问题中可能出现的结果有 7 个，即指针可能指向 7 个扇形中的任何一个，由于这是 7 个相同的扇形，转动的转盘又是自由停止的，所以指针指向每个扇形的可能性相等。	红 1，红 2，红 3，因此 $P(A) = \dfrac{3}{7}$。 （2）指针指向红色或黄色（记为事件 B）的结果有 5 个，即红 1，红 2，红 3，黄 1，黄 2，因此 $P(B) = \dfrac{5}{7}$。 （3）指针不指向红色（记为事件 C）的结果有 4 个，即绿 1，绿 2，黄 1，黄 2，因此 $P(C) = \dfrac{4}{7}$。	
拓展延伸	把上面的问题（1）、（3）联系起来，你有什么发现？ 教师引导学生归纳：事件 A 所有可能的结果为 3 种，事件 C 所有可能的结果为 4 种，事件 A 与事件 C 的之和为整个转盘的所有可能结果的总数 7 种。而且事件 A 与事件 C 之间没有公共部分。像这样的两个事件或多个事件概率之和为 1。	学生很容易发现：因为 $P(A) = \dfrac{3}{7}$，$P(C) = \dfrac{4}{7}$，$P(A) + P(C) = 1$。 学生再次思考活动 5 中的问题（3），得到另外求概率的一种方法：$P(C) = 1 - P(A)$	使学生认识到概率的求法非一种，完善学生概率知识的认识。

教学环节	教师活动	学生活动	设计意图
总结 本课	(1) 概率的定义是什么? (2) 怎样求发生的可能性都相等的随机事件概率?		教师总结本课的知识要点。

八、反思

通过本节课，学生互相交流知识的体会与收获，并给予及时归纳总结，使学生对知识掌握条理化、系统化。在学生交流总结时，注重总结评价这节课所经历的探索过程，体会到数学价值与合作交流学习的意义。

九、点评

分析讨论、合作探究的学习方式十分有益于学生对概率定义的理解和对随机事件概率求法的使用，也使本节课教学重点和难点得以突破。为下节课进一步研究概率和今后的学习打下了基础。当然，学生随机观念的养成是循序渐进的、长期的。这节课教学把握了教学难度，注意了关注学生接受情况。

第五章

"实践与综合应用"课例

在"实践与综合应用"的课题学习中，学生将探讨一些具有挑战性的研究课题，发展应用数学知识解决问题的意识和能力；同时，进一步加深对相关数学知识的理解，认识数学知识之间的联系。

教学时，应引导学生结合生活经验提出课题、积极地思考所面临的课题，清楚地表达自己的观点并能够解决一些问题。

设计制作长方体形状的包装纸盒

（七年级上　第四章　第四节）

一、内容标准

学生在对长方体和它的表面进行探究的基础上，制作一个长方体形状的包装纸盒，并在剪开前进行美术设计。活动中引导学生善于发现现实生活中的问题，并运用所学的知识加以解决，增强学生用数学的意识。

二、教材分析

在新教材的每一章的后面都安排课题学习或活动课，这样安排一方面巩固已学知识，使数学知识向生活和实践继续延伸，更重要的是为了体现课程标准所倡导的"有效的数学学习不能单独依赖模仿与记忆，动手实践，自己探究与合作交流是学生学习数学的重要方式"这一重要思想，在实际生活中有广泛的作用。

三、学情分析

学生已学过几何初步知识，为本课题的具体实施提供理论依据。而本课时是让学生借助所学的几何初步知识，培养学生动手操作能力和在实践中应用数学的能力。

四、教学目标

目标类型	目标内容
知识与技能	利用立体图形的平面展开图制作包装纸盒。
过程与方法	通过包装纸盒的制作，使学生掌握制作长方体纸盒的一般方法，能够独立制作出相关的包装盒。通过问题的解决使学生进一步理解立体图形和相应平面图形之间的转化关系。
情感、态度和价值观	在解决问题的过程中，使学生提高对合作意识的认识，培养合作精神。

五、教学重点和难点

重点：如何把立体图形转化为平面图形，制作包装纸盒。
难点：如何把立体图形转化为平面图形。

六、教学方法

学生分组，先在一张软纸上画出包装盒表面展开图的草图，简单设计一下，裁纸、折叠，观察效果。如果发生问题，调整原来的设计，达到满意的初步设计，然后根据本组的设计方案自己动手制作。

七、教学过程

教学环节	教师活动	学生活动	设计意图
一、提出问题，指明活动的主要内容	设计制作长方体形状的纸盒。 **粉笔盒** **文具盒** **牙膏盒**	收集一些长方体形状的包装盒，如墨水瓶盒、粉笔盒、饼干盒、牛奶包装盒、牙膏盒等。 准备厚（硬）纸板、直尺、裁纸刀、剪刀、胶水、彩笔等。	指明活动的主要内容。
二、提出活动步骤、分组活动	组织学生分组，讨论制定活动步骤。	以 5～6 人为一组，各组确定所要设计制作的包装盒的类别，明确分工。 (1) 观察作为参考物的包装盒，分析其各面、各棱的大小与位置关系。 (2) 拆开盒子，把它铺平，得到表面展开图；观察它的形状，找出对应长方体各面的相应部分；度量各部分的尺寸，找出其中的相等关系。 (3) 把表面展开图复原为包装盒，观察它是如何折叠并粘到一起的。 (4) 多拆、装几个包装盒，注意它们的共同特征。 (5) 经过讨论，确定本组的设计方案。	在活动的过程，培养学生的合作意识与合作能力，以及动手能力。

教学环节	教师活动	学生活动	设计意图
设计制作 		(1) 先在一张软纸上画出包装盒表面展开图的草图,简单设计一下,裁纸、折叠,观察效果。如果发生问题,调整原来的设计,达到满意的初步设计。 (2) 在硬纸板上,按照初步设计,画好包装盒的表面展开图,注意要预留出黏合处,并要减去适当的棱角。在表面展开图上进行图案与文字的美术设计。 (3) 裁下表面展开图、折叠并粘好黏合处,得到长方体包装盒。	
交流、比较	各组展示本组的作品,并介绍设计思想和制作过程。	讨论本组的作品,重点探究以下问题: (1) 制成的包装盒是否是长方体?若不是,是哪个地方出项了问题?如何改正? (2) 从使用性上看,包装盒形状、尺寸是否合理?用料是否节省?是否需要改进? (3) 包装盒的外观设计是否美观? (4) 对平面图形与立体图形的联系有哪些新认识?	
评价、小结		各组互评,小结活动的主要收获。	

第五章 『实践与综合应用』课例

教学环节	教师活动	学生活动	设计意图
三、小 结 与作业	小结：制作立体图形——先转化为平面图形（平面展开图），再转化为立体图形（折叠）。	作业： (1) 自己设计制作一个正六棱柱形状（底面是6条边相等、6个角都相等的六边形，6个侧面都是长方形）的包装盒； (2) 自己设计制作一个圆柱形的包装纸盒。	归纳总结、巩固新知。

八、反思

这节课，从研究长方体出发，先把长方体展开成平面图形，再学习制作长方体纸盒。在这样的实践活动中，我们可以体会到：用数学的眼光观察事物，常常能引起"探究"问题的兴趣；研究解决问题之前，要设计方案，并尽量考虑周全；在解决问题过程中，又要根据需要调整原来的方案；问题得到解决以后，要总结经验，相互交流。同时，在这样的过程中，大家要学会互相帮助，团结协作，还要发挥自己的聪明才智和创造能力。通过这节课的学习，大家一定会感到学好数学是有用的，学习数学就要会用数学知识解决实践中的问题。

九、点评

初中一年级的学生用数学的思想和方法解决问题的能力以及动手能力还有待培养，结合这一年龄特点，用问题串的形式引导学生完成探究，有利于帮助学生形成解决问题的策略，同时也对帮助学生学会如何根据认识的需要去处理各种信息的方法，为找到适合自己的学习方法和探究方式起到很好的作用。

折　叠

一、内容标准

通过对图形的折叠，培养学生的实际动手能力。

二、教材分析

　　折叠操作就是将图形的一部分沿着一条直线翻折 180°，使它与另一部分图形在这条直线的同旁与其重叠或不重叠，其中"折"是过程，"叠"是结果。折叠问题的实质是图形的轴对称变换，折叠更突出了轴对称问题的应用，所以在解决有关的折叠问题时可以充分运用轴对称的性质。根据轴对称的性质可以得到：折叠重合部分一定全等，折痕所在直线就是这两个全等形的对称轴；互相重合两点（对称点）之间的连线必被折痕垂直平分；对称两点与对称轴上任意一点连结所得的两条线段相等；在解题过程中要充分运用以上结论来解决有关折叠问题，可以使得解题思路更加清晰，解题步骤更加简洁。解决折叠问题时，首先要对图形折叠有一准确定位，把握折叠的实质，抓住图形之间最本质的位置关系，从点、线、面三个方面入手，发现其中变化的和不变的量。进一步发现图形中的数量关系；其次要把握折叠的变化规律，充分挖掘图形的几何性质，运用所学知识合理、有序、全面地解决问题。利用轴对称求解折叠问题，是近几年中考的一大亮点，此类题便于考察同学们观察、分析图形的特点，利用轴对称的相关知识求解问题的能力。

　　本节知识是对前面有关轴对称知识的复习与总结，学生学完后对于轴对称的相关知识尤其是性质不会灵活运用，而近几年有关利用轴对称知识解决有关折叠的问题成为亮点和热点，因此设计专题，从四个方面让学生

131

动手操作、观察、理解并运用有关轴对称的知识，从不同角度让学生理解折叠的实质就是图形的轴对称变换。课堂上整个活动过程是学生对图形变换由感性认识上升到理性认识的过程，也是学生自己梳理知识暴露问题并解决问题的过程。采用多种教学方式，引导学生总结方法有助于增强学生的信心。教材上把等腰三角形安排在轴对称之后，就是要利用轴对称研究等腰三角形的性质，利用运动研究图形。教材安排"探究"栏目，让学生将长方形纸片对折、裁剪并展开的过程引出等腰三角形概念，受剪出等腰三角形的过程的启发，学生很容易想到它是一个轴对称图形，而利用轴对称变换的性质，有利于学生对等腰三角形性质的学习。结合教材这一内容安排，在这之前设计一节课充分动手操作、利用动画演示专项训练学生，有助学生形成用运动观点看静止图形的意识，从而有助于后续知识的学习。

三、学情分析

本章内容是在学生小学学习过的轴对称的知识、中学学习了轴对称及其基本性质知识后，学生对于轴对称的相关知识尤其是性质不会灵活运用，用运动看图形的意识不强，针对这一现象，设计这一课也可以说是在已有知识的基础上作进一步较系统的整理和研究。

四、教学目标

目标类型	目标内容
知识与技能	1. 加深轴对称、轴对称图形、轴对称的基本性质的理解和应用。 2. 善于用运动的观点分析静态的几何图形，在图形的运动过程中探求不变的几何关系。
过程与方法	通过对图形的折叠，培养学生的实际动手能力。
情感、态度和价值观	充分获得亲自参与、探究的机会，发展善于合作、勤于思考、勇于创新的科学精神。

五、教学重点和难点

重点：能运用轴对称的知识解决有关折叠的图形识别和简单计算问题。

难点：对操作要求的理解。

六、教学方法

1. 根据学生的认知规律、教学内容及学生的实际情况，采用了动手实践的教学方法。

2. 为使抽象的问题直观化，通过模型演示，展现折叠的过程，图形的形成过程。引导学生从事观察、实践、交流等数学活动，得到数学体验。

3. 为了充分体现图形之间的联系，制作了多媒体课件，通过课件演示，展现图形之间的变化过程，尝试信息技术与课堂教学的整合。

七、教学过程

教学环节	教师活动	学生活动	设计意图
复习引入	欣赏图片，深刻体会轴对称的美与实际意义的同时，提问学生轴对称图形、两个图形成轴对称的概念，以及轴对称变换的基本性质。总结常见轴对称图形与折叠的关系。	学生结合图形回答并总结。	发展学生观察能力，培养学生重视概念的意识。

教学环节	教师活动	学生活动	设计意图
活动1 折叠与图形识别	展示问题: 1. 如图所示,把一个正方形三次对折后沿虚线剪下,则所得的图形是( ) 上折 右折 右下方折 沿虚线剪开 A B C D 教师和学生利用事先准备好的正方形纸张按照折叠的顺序进行折叠、裁剪,并得出结论。 提出问题:在没有剪刀与纸的前提下该怎么办呢? 教师用几何画板演示:①折叠剪切的过程: 折叠与图形识别 提醒学生:要按照已知的方向顺序进行折叠。 ②剪切后恢复原形的过程: B' A E D A C B	学生利用事先准备好的正方形纸张按照折叠的顺序进行折叠。 学生观察、思考、并回答: (1) 谁是对称轴? (2) 画出展开图形的关键是什么? (3) 画出展开图形的步骤是什么? 根据学生所答师生共同动手依次画出展开图; 实物投影展示学生作品,学生点评优点与不足之处,及时纠正。 学生自告奋勇上黑板动手画图:一种是直接的展开图,另一种是画出减去部分的展	通过学生动手实践,增强学生动手能力。 结合动画演示,深刻理解折叠的实质就是图形的轴对称变换。 培养学生动嘴说的习惯。 培养学生动手能力,落实到笔头上;提高学生思维水平,从感性认识到理性认识,通过实践、交流、总结出行之有效的解决问题的方法,体现课堂教学方式的时效性。 让学生主动参与,充分展现自我,激发学生的成就

教学环节	教师活动	学生活动	设计意图
	变式训练： (1) (2) (3) A B C D 提问学生：能从多种角度分析得到展开图吗？	开图。 学生交流总结适合自己的方法。	动机。 了解学习效果，让学生经历运用知识解决问题的过程，给学生以获得成功体验的空间，激发学习的积极性。 让学生动手操作，由感性认识上升到理性思考过程，有利于学生形成好的学习方法。 培养学生的发散思维。 及时巩固所学知识，了解学生学习效果，培养学生"转化"的意识。
活动2 折 叠 与 角度	展示问题： 如图，把一张长方形纸条按图中那样折叠后，若得到 $\angle AOB' = 70°$，则 $\angle B'OG =$ _____ 学生读题过程中几何画板动画演示折叠过程 提问学生：解决这类型问题的关键是什么？	学生思考、交流、总结：此类问题转化成与折叠有关的前后对应量。 变式训练： 若折叠后得 $\angle OGD = 65°$，则 $\angle AOB' =$ _____.	几何画板动画演示有助于学生识别图形，让学生的思维活跃，很容易发现图形变化前后的关系，激发学生的兴趣。 培养学生"转化"的意识。

第五章 『实践与综合应用』课例

教学环节	教师活动	学生活动	设计意图
活动3 折叠与线段长度	展示问题： 如图，长方形纸片 $ABCD$ 中，$AB=8cm$，把长方形纸片沿直线 AC 折叠，点 B 落在点 E 处，AE 交 DC 于点 F，若 $AF=5cm$，则 AD 的长为 ___ . 学生读题过程中几何画板动画演示折叠过程，同时标示角与边。 提问学生：解决这类问题的关键是什么？	学生交流，师生共同总结： 审题识图，分解图形，将复杂问题转化为简单问题。寻找折叠前后对应元素的关系。	让学生熟练掌握解决此类问题的切入点。 让学生会科学探究的一般方法，在获取知识的同时提高能力，引发学习兴趣。
活动4 折叠与线段长度	展示问题： 已知：如图，等腰直角三角形中，$AB=BC$，点 D 是 AC 上的点，P 点是直线 BC 上的一动点，连结 AP、PD，求：$AP+PD$ 取最小值时点 P 的位置。 请用尺规作出图形， （不写作法，但保留作图痕迹），并简要说明理由。 学生读题过程中几何画板动画演示折叠过程。	教师引导学生分析，师生共同总结：解决这类问题的方法是找对称点，将特殊问题转化为为常规问题。	让学生学会把数学问题相互转化，培养学生转化意识。

教学环节	教师活动	学生活动	设计意图
活动5 课堂练习	1. 如图，有一矩形纸片 $ABCD$，$AB = 10$，$AD = 6$，将纸片折叠，使 AD 边落在 AB 边上，折痕为 AE，再将 $\triangle AED$ 以 DE 为折痕向右折叠，AE 与 BC 交于点 F，则 $\triangle CEF$ 的面积为（　　）。 A. 4　　　B. 6 C. 8　　　D. 10 	学生练习	培养学生正确应用所学知识的应用能力，增强应用意识，参与意识，巩固所学性质。 及时巩固所学知识，了解学生学习效果，增强学生应用知识的能力。 让学生学会总结反思知识、方法、思想，从情感态度上进行过程评价。
总结 本课	师生共同反思与小结本节课学习知识的过程与学习的知识，并帮助学生换个角度解释本节课所学的知识。	进一步体会探求知识的方法以及进一步加深对知识的理解。	设计反思的目的是在小结学习知识的同时为逐步提高数学素养提供机会。

八、教学反思

1. 积极引导学生从事实验活动，培养学生乐于动手的习惯，切实提高学生的动手能力

前苏联教育家苏霍姆林斯基说："让学生体验到一种自己在亲身参与中掌握知识的情感，是唤起青少年特有的对知识的兴趣的重要条件。"教学中的数学实验，就是让学生通过观察、演示、动手操作，获得对抽象的数学概念、定理、结论等的感性认识，再通过加工上升为理性认识，是一种学生在教师的启发和引导下对数学发现过程的体验。杨振宁教授曾经指出："中国的小孩在动手兴趣和能力方面不如欧洲和美国的小孩，主要是

没有动手的机会。"教师应该在实施实验教学过程中，尽可能地突出实验教学的实践性，给学生提供较为充足的动手实践机会，让学生手脑并用。本节课中活动1：在进行折叠与图形识别的活动时，让学生动手操作和直观感知，通过折纸、观察、归纳等方法去探索和发现，通过动脑动手等活动提高学生的学习兴趣。虽然在实际教学过程中，花了约20分钟的时间，经历了动手操作、动脑观察、动嘴小结、动手画图、最后动嘴总结的过程，提高学生利用轴对称的相关知识求解折叠问题的能力，并找到适合学生的行之有效的方法，引导学生正反向思考，增强学生解决这一类问题的自信心，增强学生对数学的兴趣和探索创新的欲望。

2. 注重学生的思维方式，将直观观察与现代信息技术结合，切实提升学生的认知水平

本节课充分运用几何画板动画制作课件，主要是解决折叠剪切后的展开过程。在制作课件的过程中，充分考虑了如何制作才能使学生更好理解。于是，在活动1中，利用磁钉将模型——正方形纸片折叠、剪切的过程固定在黑板上。学生在看到动画时，就不会觉得抽象，这样不仅符合学生的认知特点，还激发了学生的学习兴趣。因而在运用信息技术进行教学时，应充分考虑学生思维的方式和心理特点，以达到有效的辅助教学的效果。

3. 及时设计专题复习课，在教学时给学生搭个小台阶，增强学生学习数学的自信心

从教材上看，先是从轴对称和作轴对称图形开始安排教学内容的。学生学完后对于轴对称的相关知识尤其是性质不会灵活运用，而近几年有关利用轴对称知识解决有关折叠的问题成为亮点和热点，因此设计专题，采用多种教学方式，引导学生总结方法有助于增强学生的信心。教材上把等腰三角形安排在轴对称之后，就是要利用轴对称研究等腰三角形的性质，利用运动研究图形。教材安排"探究"栏目，让学生将长方形纸片对折、裁剪并展开的过程引出等腰三角形概念，受剪出等腰三角形的过程的启发，学生很容易想到它是一个轴对称图形，而利用轴对称变换的性质，有利于学生对等腰三角形性质的学习。结合教材这一内容安排，在这之前设

计一节课充分动手操作，利用动画演示专项训练学生，有助学生形成用运动观点看静止图形的意识，从而有助于后续知识的学习。

然而，本节课还是有不少让人遗憾的地方，如在折叠正方体纸片时，有学生折的方向不对，导致最后的展开图不对，没跟上。而且，究其原因就是没理解操作要求，急于动手。因而在今后的教学中，在动手操作前，让学生明白所要操作的对象或要解决的问题，教给学生必要的操作步骤。其次是学生到黑板画图时花费时间过长，在学案上画图的同学画完后没事做，在今后的课堂教学中多锻炼学生在黑板上板演、画图，提高速度。最后是主动想上黑板画图的学生太少，不太主动，在今后的教学中，采用激励机制，结合本班班规，对于主动上黑板讲、写、画的同学加双倍表现分。如每做完变式练习后，可以小组为单位，当时统计答对人数，给小组的每个成员加分。

九、点评

本节课的教学实践，让我们再次体会到：课堂上的真正主人应该是学生，教师只是活动的组织者、引导者和合作者。要在教学中，让学生充分经历探索与发现的过程，着重于知识形成过程的探索，更加注重对学生能力的培养。在今后的教学中教师要继续注重引导学生自我探索与自我发现，注重挖掘教材的能力生长点，着眼于学生终身发展的需要。

第六章

新课程与数学教师专业化发展

在中小学教师中，不乏钻研教材、研究学生、尝试各种教学方法、探究教学策略的优秀教师。如何教得更好？如何教得更有意思？是每一位教师的追求目标。为了满足学生的学习需要，赢得学生的喜爱，教师在教学过程中自始至终从事着探究活动。

新课程标准较以往更关注学生的个体发展，与此相应教师应尊重学生的人格，关注个体差异，满足不同需要，研究与掌握学生的心理发展规律，寻找适合学生的教学策略与模式。因此，教师的教学过程包含了教师对学情的调查和研究过程。

1. 创设探究学习的教育环境

在教学实施中，教师最具创造性的工作是设计能引导学生主动参与的教育环境。通过教师精心设计的"数学活动"、"探究性问题"，激发学生学习热情，培养学生学习能力，使每个学生都能得到充分发展。下面是一个教师创设的探究学习的案例：

"曲线与方程"概念的学习

虽然"曲线的方程"、"方程的曲线"是数学中的抽象概念，但是也可以在教师的精心设计下使学生进行探究式学习。设计如下：

问题1　我们知道圆心在 $(0,0)$，半径为 r 的圆 O 的方程为 $x^2 + y^2 = r^2$，那么圆上点的坐标与方程的解之间有怎样的联系呢？（设计意图：由特殊的曲线与方程，体会曲线上点的集合与方程解集的一一对应。）

问题2　圆 O 关于坐标轴和原点对称，如何由方程研究圆的对称性呢？（设计意图：体会通过方程研究曲线的性质的方法，渗透坐标法的思想。）

问题3　曲线 C_1 是到 x 轴和 y 轴的距离相等的点的轨迹，求它的方程，并通过方程研究曲线的对称性。（设计意图：根据曲线上点的几何特征，写出点的坐标 (x, y) 满足的方程，再次体会坐标法的思想。）

问题4　曲线 C_1 上的点的集合和方程 $x = y$ 的解集之间有怎样的关系？由方程 $x = y$ 能得到曲线的对称性？（设计意图：曲线 C_1 和方程 $x = y$ 满足纯粹性而不满足完备性，体会这种情形下，由方程不能得到曲线的对称性。）

问题5　曲线 C_2 是第一、三象限内到 x 轴和 y 轴的距离相等的点的轨迹，求它的方程。（设计意图：在化简方程时，特别关注方程的同解性。）

问题 6   曲线 C_2 上的点的集合和方程 $x^2 = y^2$ 解集之间有怎样的关系呢？（设计意图：提供了一个曲线与方程满足完备性而不满足纯粹性的具体实例。）

问题 7   设 (x, y) 方程 $x^2 = y^2$，则 $(x, -y)$，$(-x, y)$ 都满足此方程，但曲线 C_2 关于坐标轴不对称，为什么？（设计意图：体会满足完备性而不满足纯粹性的情形下，由方程得的性质不是曲线所具有的。）

问题 8   要想通过方程 $F(x, y) = 0$ 研究曲线 C 的性质，曲线上点的集合与方程解集之间应满足什么关系呢？（设计意图：归纳出曲线的方程和方程的曲线的定义。）

问题 9   曲线 C 是到两个坐标轴的距离的乘积为 1 的点的轨迹，根据定义求曲线 C 的方程。（设计意图：由定义求方程，强化对概念的理解，体会、总结求曲线方程的一般步骤。）

虽然这个案例的教学内容是高中学段的，但它能够反映一个事实：大部分数学概念、性质、公式、定理等等，都适宜用探究式学习方式。在自主探究中，数学思想方法起着关键作用，常常需要教师精心启发引导。

如果用于探究的问题具有以下特点，会使区域数学学习有较强的探究性：一是学生有兴趣去探究；二是学生有"空间"去探究；三是学生有能力去探究；四是对学生来说该问题有探究的意义。教师若要设计出具有探究性的问题，需要在日常的工作中做大量的教学研究。

2. 教师要做终身学习的研究者

依据数学课程标准，教师在数学教学中，要充分关注"生活数学"和"对终身发展有用的数学"内容，要提供给学生参与与其生活相关、能培养其思维品质的数学活动的机会，使学生从中获取数学知识及数学思想方法。教师要把课上得精彩，就需要对相关的知识掌握得足够深，足够广，才可能在教学过程中对知识信手拈来，使教学过程张弛有序。"要给学生一杯水，自己要有一桶水。"教师专业化发展需要终身学习，跟上时代，扩大视野，放眼国际，瞄准前沿，及时了解数学学科与教育发展的新进展。下面是一个中学教师不断储备知识的案例：

黄金分割

在"解一元二次方程——公式法"的教学中，教师在引导学生得出求根公式后，大多会让学生利用学习成果，即求根公式去求解方程 $x^2 + x - 1 = 0$，得其两根为 $\dfrac{-1 \pm \sqrt{5}}{2}$，并指出 $\dfrac{-1 + \sqrt{5}}{2} \approx 0.618$ 为"黄金分割比"。学生此时自然会提出为什么称其为"黄金分割"？数学上还有其他"黄金"事物吗？

因此，教师应在备课中预见到此问题，并及时积累相关知识：

（1）可以追溯其发现历史

由于公元前 6 世纪古希腊的毕达哥拉斯学派研究过正五边形和正十边形的作图，因此现代数学家们推断当时毕达哥拉斯学派已经触及甚至掌握了黄金分割。

公元前 4 世纪，古希腊数学家欧多克索斯第一个系统研究了这一问题，并建立起比例理论。

公元前 300 年前后欧几里得撰写《几何原本》时吸收了欧多克索斯的研究成果，进一步系统论述了黄金分割，成为最早的有关黄金分割的论著。

中世纪后，黄金分割被披上神秘的外衣，意大利数家帕乔利称中末比为神圣比例，并专门为此著书立说。德国天文学家开普勒称黄金分割为神圣分割。

到 19 世纪"黄金分割"这一名称才逐渐通行。黄金分割数有许多有趣的性质，人类对它的实际应用也很广泛。最著名的例子是优选学中的黄金分割法或 0.618 法，是由美国数学家基弗于 1953 年首先提出的，20 世

纪70年代在中国推广。

黄金分割奇妙之处，在于其比例与其倒数是一样的。例如：1.618的倒数是0.618，而1.618：1与1：0.618是一样的。

另外，为什么人们对这样的比例，会本能地感到美的存在？其实这与人类的演化和人体正常发育密切相关。据研究，从猿到人的进化过程中，骨骼方面以头骨和腿骨变化最大，躯体外形由于近似黄金矩形而变化最小，人体结构中有许多比例关系接近0.618，从而使人体美在几十万年的历史积淀中固定下来。人类最熟悉自己，势必将人体美作为最高的审美标准，由人及物，由物及人，推而广之，凡是与人体相似的物体就喜欢它，就觉得美。于是黄金分割律作为一种重要形式美法则，成为世代相传的审美经典规律，至今不衰！

（2）可以了解其应用情况

①黄金矩形是一个长和宽的比有特殊比例的矩形，很多国家的国旗就是黄金矩形，其长宽之比为1.618：1，1.618是黄金分割数。

②黄金三角形是一个等腰三角形，其腰与底的长度比为黄金比值。它的顶角为36°，每个底角为72°，它的腰与它的底成黄金比。当底角被平分时，角平分线分对边也成黄金比，并形成两个较小的等腰三角形。这两三角形之一相似于原三角形，而另一三角形可用于产生螺旋形曲线。黄金三角形的一个几何特征是：它是唯一一种能够由5个与其全等的三角形生成其相似三角形的三角形。

3. 教师研究的路径探索

数学课程的实施是一个研究摸索的过程，仔细、全面地研究学生特点、教材内容、课程标准、自身特质以及其他教学环境，对教师来说，不是"能不能"和"要不要"的问题，而是如何研究的问题。

研究是人类对未知事物的一种态度，人们对研究的理解大致可以分为狭义与广义两类。所谓狭义的研究就是把研究理解为专业人员如科学家、教授等，所从事的科研活动，是一种学术性研究。但如果认真分析我们的日常用语，又会发现，我们经常所说的研究往往不是指学术性科学研究活动，而是指一般性的探究活动。

　　中学教师的研究既不同于专家的科学研究，也不是具体的感性探究，对于教师来说，能否改进具体的教学实践，提高学生的素质，是教师研究的重点。教师如何开展教学研究，怎样才能具有研究能力，实现从"传授型"向"研究型"的角色转变，是中小学教师普遍关注的问题。目前教师开展教学研究的主要路径有：自我反思、同伴互导、专家引领。

4. 自我反思是研究的基础

　　自我反思是对问题的深度思考，孔子曰："吾日三省吾身"，苏霍姆林斯基说："教育，首先是活生生的、寻根追底的、探究性的思考"。自我反思追求的正是这样的思考品质，它力图回到问题的原点，顺藤摸瓜、寻根究底，而不是浮光掠影、浅尝辄止；它不满足于既定的结论，而是敢于对那些"习以为常"的道理提出质疑。

　　在教学实践中，教师经常以事件记录形式自我反思，如：这节课上，我在情境创设、问题设计、引起动机、课堂组织、环节过渡、重点把握、难点突破等方面处理得怎么样？事件记录形式的反思是原生态的，是圈定问题的，是能够放大揭示问题意义细节的，是教师积极主动的反思，是教师研究的开始。

　　他人比较形式的反思，是从不同的视角，发现并澄清自己的问题或优势。如果说事件记录是为了积累自身的直接经验，他人比较是为了分析自己的片断经验，那么自我批判则立足于经验之上的理性加工。

面对一个教学事件或情境，批判反思不仅仅关注它的现象和过程，更关注它的根源和背景，关注它与别的事件或情境的联系，关注经验背后的诸如规律、信念等理性的东西。例如观摩同一节课，一般老师最可能关注的是这节课"教了什么"，"是怎么教的"，而专家教师更多考虑的则是"为什么这么教"。前者关注的是技术，而后者在关注技术的同时，还考虑到支撑的教学理念。下面是一个"高立意，低起点"的教学案例：

不等式的基本性质

这节课可以从"数及其运算"的高度出发，以等式的基本性质为起点，以"运算中的不变性、规律性就是性质"为指导思想，通过类比等式的基本性质，得到不等式基本性质的猜想，然后再给予逻辑证明。回顾以往"性质——证明——例题——练习——习题"的教学模式，这样的教学设计的进步之处在于：不仅仅讲逻辑，还要讲思想，从而加快学生领悟思想的进程。

教师在教学中，只有充分挖掘数学知识蕴涵的价值观资源，并在教学中将知识教学与价值观影响融为一体，才能真正体现"数学育人"。

自我反思对教师教学研究和专业发展具有重要意义。美国学者波斯纳（*G. J. Posner*）于 1989 年提出了著名的教师成长公式：经验＋反思＝成长。试问，自我反思教学研究到底有什么样的作用呢？自我反思是提升经验的桥梁，是锤炼思维的工具。一个研究型的教师首先是一个有思想的教师。

5. 专家引领提高研究的有效性

专家引领在教师教学研究、专业发展等方面具有自我反思、同伴互导所不可替代的作用。有些复杂的问题，仅靠自我反思、同伴互导仍然不能解决。当教师因某个问题不得其解而处于困惑时，专家给予的启发、点拨可以使教师破解问题、消除困惑。教师就教学实践与研究中重大的问题，需要专家提供思维方法的引领，以寻求问题方向性的、观念性的解决。下面是专家引领课堂分析案例：

分解课堂

要观察课堂，首先要分解课堂。我们一向熟悉的课堂，面对"分解"两字，顿时又陌生起来了。我们一直茫然地不知道脚要往哪个方向迈，是教授一次次指点，我们最终拿出拆分课堂的四种分解思路：

①依据新课程理念，切分为师生关系、教学互动、主动探究、预设生成、回归生活、合作学习、信息技术与学科整合、多元评价等八个维度；

②依据课堂教学的主体、客体的互动关系，切分为教师、学生、教学信息、教学媒体等四个维度；

③依据课堂教学的执行流程，切分为教学目标、教学重难点、教学方法、教学手段、教学过程、教学组织、教学评价等七个维度；

④以教学的基本范畴，切分为教学结构与教学组织、教学理念与教学要素、教学设计与教学操作、教学预设与教学生成、静态教学与动态教学等五个维度。

教授应邀来到学校，听完汇报，不急不躁地说："课堂是为了什么？教师的教为了什么？一句话，为了学生的学习，我们能否从影响学生课堂学习的因素有几类出发来思考课堂分解问题呢？"后来，我们知道，这叫原点思考。依据这种思考方式，我们将课堂教学分解为学生学习、教师教学、课堂性质、课堂文化四个维度。

这一刻，我们真切体悟到"科学就是使复杂的事情简单化"的内涵，才明白什么叫专家思维。

新的基础教育课程体系，以培养学生创新精神和实践能力为重点，如

何将理念落实到教学实践中，教师需要参与专家引领下的教学研究、课题研究以提高数学学科素养。教师只有学习科学研究问题的方法，才有可能培养出具有创新精神的人才。

与其他研究一样，教师的教学研究也必修遵循基本的教育科学研究方法和规范。教师从事教学研究一般需要包括五个步骤：发现问题，分析与选择问题，制定研究计划，实施研究计划和收集数据，回答和解决问题。那么，有的教师可能会提出一个非常尖锐的问题，专家在哪里？这需要你用心寻找，校内有你的教学师傅，校外有教研员，书籍中有大师和你交谈，你也不妨回到母校，向你的老师大学求教，不妨关注国家级的重大课题等等。提到研究你还可能会抱怨，日常教学很紧张没有时间，其实不然，研究是一种态度，研究并非是高深莫测的，作为教师的你需要更多的是转变观念。试想，如果能与专家分享你的问题，也许专家的只言片语就能点燃你智慧的灯火，远离"教书匠"走向专家型教师，将教学与科研熔为一炉，边实践边创新边总结，不仅能推动数学课程改革的深入，而且能提高自己的研究能力与教学能力。

初中数学课程标准

第一部分　前言

　　数学是人们对客观世界定性把握和定量刻画、逐渐抽象概括、形成方法和理论，并进行广泛应用的过程。20 世纪中叶以来，数学自身发生了巨大的变化，特别是与计算机的结合，使得数学在研究领域、研究方式和应用范围等方面得到了空前的拓展。数学可以帮助人们更好地探求客观世界的规律，并对现代社会中大量纷繁复杂的信息作出恰当的选择与判断，同时为人们交流信息提供了一种有效、简捷的手段。数学作为一种普遍适用的技术，有助于人们收集、整理、描述信息，建立数学模型，进而解决问题，直接为社会创造价值。

　　义务教育阶段的数学课程，其基本出发点是促进学生全面、持续、和谐地发展。它不仅要考虑数学自身的特点，更应遵循学生学习数学的心理规律，强调从学生已有的生活经验出发，让学生亲身经历将实际问题抽象成数学模型并进行解释与应用的过程，进而使学生获得对数学理解的同

时，在思维能力、情感态度与价值观等多方面得到进步和发展。

一、基本理念

1. 义务教育阶段的数学课程应突出体现基础性、普及性和发展性，使数学教育面向全体学生，实现：

——人人学有价值的数学；

——人人都能获得必需的数学；

——不同的人在数学上得到不同的发展。

2. 数学是人们生活、劳动和学习必不可少的工具，能够帮助人们处理数据，进行计算、推理和证明，数学模型可以有效地描述自然现象和社会现象；数学为其他科学提供了语言、思想和方法，是一切重大技术发展的基础；数学在提高人的推理能力、抽象能力、想像力和创造力等方面有着独特的作用；数学是人类的一种文化，它的内容、思想、方法和语言是现代文明的重要组成部分。

3. 学生的数学学习内容应当是现实的、有意义的、富有挑战性的，这些内容要有利于学生主动地进行观察、实验、猜测、验证、推理与交流等数学活动。内容的呈现应采用不同的表达方式，以满足多样化的学习需求。有效的数学学习活动不能单纯地依赖模仿与记忆，动手实践、自主探索与合作交流是学生学习数学的重要方式。由于学生所处的文化环境、家庭背景和自身思维方式的不同，学生的数学学习活动应当是一个生动活泼的、主动的和富有个性的过程。

4. 数学教学活动必须建立在学生的认知发展水平和已有的知识经验基础之上。教师应激发学生的学习积极性，向学生提供充分从事数学活动的机会，帮助他们在自主探索和合作交流的过程中真正理解和掌握基本的数学知识与技能、数学思想和方法，获得广泛的数学活动经验。学生是数学学习的主人，教师是数学学习的组织者、引导者与合作者。

5. 评价的主要目的是为了全面了解学生的数学学习历程，激励学生的学习和改进教师的教学；应建立评价目标多元、评价方法多样的评价体系。对数学学习的评价要关注学生学习的结果，更要关注他们学习的过程；要关注学生数学学习的水平，更要关注他们在数学活动中所表现出来的情感与态度，帮助学生认识自我，建立信心。

6. 现代信息技术的发展对数学教育的价值、目标、内容以及学与教的方式产生了重大的影响。数学课程的设计与实施应重视运用现代信息技术，特别要充分考虑计算器、计算机对数学学习内容和方式的影响，大力开发并向学生提供更为丰富的学习资源，把现代信息技术作为学生学习数学和解决问题的强有力工具，致力于改变学生的学习方式，使学生乐意并有更多的精力投入到现实的、探索性的数学活动中去。

二、设计思路

（一）关于学段

为了体现义务教育阶段数学课程的整体性，《全日制义务教育数学课程标准（实验稿）》通盘考虑了九年的课程内容；同时，根据儿童发展的生理和心理特征，将九年的学习时间具体划分为三个学段：第一学段（1～3年级）、第二学段（4～6年级）、第三学段（7～9年级）。

（二）关于目标

根据《基础教育课程改革纲要（试行)》，结合数学教育的特点，《标准》明确了义务教育阶段数学课程的总目标，并从知识与技能、数学思考、解决问题、情感与态度等四个方面作出了进一步的阐述。

（三）关于学习内容

在各个学段中，《标准》安排了"数与代数"、"空间与图形"、"统计与概率"、"实践与综合应用"四个学习领域。课程内容的学习，强调学生的数学活动，发展学生的数感、符号感、空间观念、统计观念，以及应用意识与推理能力。

数感主要表现在：理解数的意义；能用多种方法来表示数；能在具体的情境中把握数的相对大小关系；能用数来表达和交流信息；能为解决问题而选择适当的算法；能估计运算的结果，并对结果的合理性作出解释。

151

符号感主要表现在：能从具体情境中抽象出数量关系和变化规律，并用符号来表示；理解符号所代表的数量关系和变化规律；会进行符号间的转换；能选择适当的程序和方法解决用符号所表达的问题。

空间观念主要表现在：能由实物的形状想像出几何图形，由几何图形想像出实物的形状，进行几何体与其三视图、展开图之间的转化；能根据条件做出立体模型或画出图形；能从较复杂的图形中分解出基本的图形，并能分析其中的基本元素及其关系；能描述实物或几何图形的运动和变化；能采用适当的方式描述物体间的位置关系；能运用图形形象地描述问题，利用直观来进行思考。

统计观念主要表现在：能从统计的角度思考与数据信息有关的问题；能通过收集数据、描述数据、分析数据的过程作出合理的决策，认识到统计对决策的作用；能对数据的来源、处理数据的方法，以及由此得到的结果进行合理的质疑。

应用意识主要表现在：认识到现实生活中蕴含着大量的数学信息、数学在现实世界中有着广泛的应用；面对实际问题时，能主动尝试着从数学的角度运用所学知识和方法寻求解决问题的策略；面对新的数学知识时，能主动地寻找其实际背景，并探索其应用价值。

推理能力主要表现在：能通过观察、实验、归纳、类比等获得数学猜想，并进一步寻求证据、给出证明或举出反例；能清晰、有条理地表达自己的思考过程，做到言之有理、落笔有据；在与他人交流的过程中，能运用数学语言合乎逻辑地进行讨论与质疑。

为了体现数学课程的灵活性和选择性，《标准》在内容标准中仅规定了学生在相应学段应该达到的基本水平，教材编者及各地区、学校，特别是教师应根据学生的学习愿望及其发展的可能性，实施因材施教。同时，《标准》并不规定内容的呈现顺序和形式，教材可以有多种编排方式。

（四）关于实施建议

《标准》针对教学、评价、教材编写、课程资源的利用与开发提出了建议，供有关人员参考，以保证《标准》的顺利实施。为了解释与说明相应的课程目标或课程实施建议，《标准》还提供了一些案例供参考。

第二部分　课程目标

一、总体目标

通过义务教育阶段的数学学习，学生能够：

●获得适应未来社会生活和进一步发展所必需的重要数学知识（包括数学事实、数学活动经验）以及基本的数学思想方法和必要的应用技能；

●初步学会运用数学的思维方式去观察、分析现实社会，去解决日常生活中和其他学科学习中的问题，增强应用数学的意识；

●体会数学与自然及人类社会的密切联系，了解数学的价值，增进对数学的理解和学好数学的信心；

●具有初步的创新精神和实践能力，在情感态度和一般能力方面都能得到充分发展。

具体阐述如下：

知识与技能

●经历将一些实际问题抽象为数与代数问题的过程，掌握数与代数的基础知识和基本技能，并能解决简单的问题。

●经历探究物体与图形的形状、大小、位置关系和变换的过程，掌握空间与图形的基础知识和基本技能，并能解决简单的问题。

●经历提出问题、收集和处理数据、作出决策和预测的过程，掌握统计与概率的基础知识和基本技能，并能解决简单的问题。

数学思考

●经历运用数学符号和图形描述现实世界的过程，建立初步的数感和符号感，发展抽象思维。

●丰富对现实空间及图形的认识，建立初步的空间观念，发展形象

思维。

●经历运用数据描述信息作出推断的过程,发展统计观念。

●经历观察、实验、猜想、证明等数学活动过程,发展合情推理能力和初步的演绎推理能力,能有条理地、清晰地阐述自己的观点。

解决问题

●初步学会从数学的角度提出问题、理解问题,并能综合运用所学的知识和技能解决问题,发展应用意识。

●形成解决问题的一些基本策略,体验解决问题策略的多样性,发展实践能力与创新精神。

●学会与人合作,并能与他人交流思维的过程和结果。

●初步形成评价与反思的意识。

情感与态度

●能积极参与数学学习活动,对数学有好奇心与求知欲。

●在数学学习活动中获得成功的体验,锻炼克服困难的意志,建立自信心。

●初步认识数学与人类生活的密切联系及对人类历史发展的作用,体验数学活动充满着探索与创造,感受数学的严谨性以及数学结论的确定性。

●形成实事求是的态度以及进行质疑和独立思考的习惯。

以上四个方面的目标是一个密切联系的有机整体,对人的发展具有十分重要的作用,它们是在丰富多彩的数学活动中实现的。其中,数学思考、解决问题、情感与态度的发展离不开知识与技能的学习,同时,知识与技能的学习必须以有利于其他目标的实现为前提。

二、学段目标(7~9年级)

知识与技能

●经历从具体情境中抽象出符号的过程,认识有理数、实数、代数式、方程、不等式、函数；掌握必要的运算（包括估算）技能；探索具体问题中的数量关系和变化规律，并能运用代数式、方程、不等式、函数等进行描述。

●经历探索物体与图形的基本性质、变换、位置关系的过程，掌握三角形、四边形、圆的基本性质以及平移、旋转、轴对称、相似等的基本性质，初步认识投影与视图，掌握基本的识图、作图等技能；体会证明的必要性，能证明三角形和四边形的基本性质，掌握基本的推理技能。

●从事收集、描述、分析数据，作出判断并进行交流的活动，感受抽样的必要性，体会用样本估计总体的思想，掌握必要的数据处理技能；进一步丰富对概率的认识，知道频率与概率的关系，会计算一些事件发生的概率。

数学思考

●能对具体情境中较大的数字信息作出合理的解释和推断，能用代数式、方程、不等式、函数刻画事物间的相互关系。

●在探索图形的性质、图形的变换以及平面图形与空间几何体的相互转换等活动过程中，初步建立空间观念，发展几何直觉。

●能收集、选择、处理数学信息，并作出合理的推断或大胆的猜测。

●能用实例对一些数学猜想作出检验，从而增加猜想的可信程度或推翻猜想。

●体会证明的必要性，发展初步的演绎推理能力。

解决问题

●能结合具体情境发现并提出数学问题。

●尝试从不同角度寻求解决问题的方法，并能有效地解决问题，尝试评价不同方法之间的差异。

●体会在解决问题的过程中与他人合作的重要性。

●能用文字、字母或图表等清楚地表达解决问题的过程，并解释结果的合理性。

●通过对解决问题过程的反思，获得解决问题的经验。

情感与态度

●乐于接触社会环境中的数学信息，愿意谈论某些数学话题，能够在数学活动中发挥积极作用。

●敢于面对数学活动中的困难，并有独立克服困难和运用知识解决问题的成功体验，有学好数学的自信心。

●体验数、符号和图形是有效地描述现实世界的重要手段，认识到数学是解决实际问题和进行交流的重要工具，了解数学对促进社会进步和发展人类理性精神的作用。

●认识通过观察、实验、归纳、类比、推断可以获得数学猜想，体验数学活动充满着探索性和创造性，感受证明的必要性、证明过程的严谨性以及结论的确定性。

●在独立思考的基础上，积极参与对数学问题的讨论，敢于发表自己的观点，并尊重与理解他人的见解；能从交流中获益。

第三部分　内容标准

一、数与代数

在本学段中，学生将学习实数、整式和分式、方程和方程组、不等式和不等式组、函数等知识，探索数、形及实际问题中蕴涵的关系和规律，初步掌握一些有效地表示、处理和交流数量关系以及变化规律的工具，发展符号感，体会数学与现实生活的紧密联系，增强应用意识，提高运用代数知识与方法解决问题的能力。

在教学中，应注重让学生在实际背景中理解基本的数量关系和变化规律，注重使学生经历从实际问题中建立数学模型、估计、求解、验证解的正确性与合理性的过程，应加强方程、不等式、函数等内容的联系，介绍有关代数内容的几何背景；应避免繁琐的运算。

（一）具体目标

1. 数与式

（1）有理数

①理解有理数的意义，能用数轴上的点表示有理数，会比较有理数的大小。

②借助数轴理解相反数和绝对值的意义，会求有理数的相反数与绝对值（绝对值符号内不含字母）。

③理解乘方的意义，掌握有理数的加、减、乘、除、乘方及简单的混合运算（以三步为主）。

④理解有理数的运算律，并能运用运算律简化运算。

⑤能运用有理数的运算解决简单的问题。

⑥能对含有较大数字的信息作出合理的解释和推断。

（2）实数

①了解平方根、算术平方根、立方根的概念，会用根号表示数的平方根、立方根。

②了解开方与乘方互为逆运算，会用平方运算求某些非负数的平方根，会用立方运算求某些数的立方根，会用计算器求平方根和立方根。

③了解无理数和实数的概念，知道实数与数轴上的点一一对应。

④能用有理数估计一个无理数的大致范围。

⑤了解近似数与有效数字的概念；在解决实际问题中，能用计算器进行近似计算，并按问题的要求对结果取近似值。

⑥了解二次根式的概念及其加、减、乘、除运算法则，会用它们进行有关实数的简单四则运算（不要求分母有理化）。

（3）代数式

①在现实情境中进一步理解用字母表示数的意义。

②能分析简单问题的数量关系，并用代数式表示。

③能解释一些简单代数式的实际背景或几何意义。

④会求代数式的值；能根据特定的问题查阅资料，找到所需要的公

式，并会代入具体的值进行计算。

（4）整式与分式

①了解整数指数幂的意义和基本性质，会用科学记数法表示数（包括在计算器上表示）。

②了解整式的概念，会进行简单的整式加、减运算；会进行简单的整式乘法运算（其中的多项式相乘仅指一次式相乘）。

③会推导乘法公式：$(a+b)(a-b)=a^2-b^2$；$(a+b)^2=a^2+2ab+b^2$，了解公式的几何背景，并能进行简单计算。

④会用提公因式法、公式法（直接用公式不超过二次）进行因式分解（指数是正整数）。

⑤了解分式的概念，会利用分式的基本性质进行约分和通分，会进行简单的分式加、减、乘、除运算。

2. 方程与不等式

（1）方程与方程组

①能够根据具体问题中的数量关系，列出方程，体会方程是刻画现实世界的一个有效的数学模型。

②经历用观察、画图或计算器等手段估计方程解的过程。

③会解一元一次方程、简单的二元一次方程组，可化为一元一次方程的分式方程（方程中的分式不超过两个）。

④理解配方法，会用因式分解法、公式法、配方法解简单的数字系数的一元二次方程。

⑤能根据具体问题的实际意义，检验结果是否合理。

（2）不等式与不等式组

①能够根据具体问题中的大小关系了解不等式的意义，并探索不等式的基本性质。

②会解简单的一元一次不等式，并能在数轴上表示出解集。会解由两个一元一次不等式组成的不等式组，并会用数轴确定解集。

③能够根据具体问题中的数量关系，列出一元一次不等式和一元一次不等式组，解决简单的问题。

3. 函数

（1）探索具体问题中的数量关系和变化规律

（2）函数

①通过简单实例，了解常量、变量的意义。

②能结合实例，了解函数的概念和三种表示方法，能举出函数的实例。

③能结合图像对简单实际问题中的函数关系进行分析。

④能确定简单的整式、分式和简单实际问题中的函数的自变量取值范围，并会求出函数值。

⑤能用适当的函数表示法刻画某些实际问题中变量之间的关系。

⑥结合对函数关系的分析，尝试对变量的变化规律进行初步预测。

（3）一次函数

①结合具体情境体会一次函数的意义，根据已知条件确定一次函数表达式。

②会画一次函数的图像，根据一次函数的图像和解析表达式 $y = kx + b$（$k \neq 0$）探索并理解其性质（$k > 0$ 或 $k < 0$ 时，图像的变化情况）。

③理解正比例函数。

④能根据一次函数的图像求二元一次方程组的近似解。

⑤能用一次函数解决实际问题。

（4）反比例函数

①结合具体情境体会反比例函数的意义，能根据已知条件确定反比例函数表达式。

②能画出反比例函数的图像，根据图像和解析表达式 $y = kx$（$k \neq 0$）探索并理解其性质（$k > 0$ 或 $k < 0$ 时，图像的变化）。

③能用反比例函数解决某些实际问题。

（5）二次函数

①通过对实际问题情境的分析确定二次函数的表达式，并体会二次函数的意义。

②会用描点法画出二次函数的图像，能从图像上认识二次函数的

性质。

③会根据公式确定图像的顶点、开口方向和对称轴（公式不要求记忆和推导），并能解决简单的实际问题。

④会利用二次函数的图像求一元二次方程的近似解。

二、空间与图形

在本学段中，学生将探索基本图形（直线形、圆）的基本性质及其相互关系，进一步丰富对空间图形的认识和感受，学习平移、旋转、对称的基本性质，欣赏并体验变换在现实生活中的广泛应用，学习运用坐标系确定物体位置的方法，发展空间观念。

推理与论证的学习从以下几个方面展开：在探索图形性质、与他人合作交流等活动过程中，发展合情推理，进一步学习有条理地思考与表达；在积累了一定的活动经验与掌握了一定的图形性质的基础上，从几个基本的事实出发，证明一些有关三角形、四边形的基本性质，从而体会证明的必要性，理解证明的基本过程，掌握用综合法证明的格式，初步感受公理化思想。

在教学中，应注重所学内容与现实生活的联系，注重使学生经历观察、操作、推理、想像等探索过程；应注重对证明本身的理解，而不追求证明的数量和技巧。证明的要求控制在《标准》所规定的范围内。

（一）具体目标

1. 图形的认识

（1）点、线、面

通过丰富的实例，进一步认识点、线、面（如交通图上用点表示城市，屏幕上的画面是由点组成的）。

（2）角

①通过丰富的实例，进一步认识角。

②会比较角的大小，能估计一个角的大小，会计算角度的和与差，认识度、分、秒，会进行简单换算。

③了解角平分线及其性质

（3）相交线与平行线

①了解补角、余角、对顶角，知道等角的余角相等、等角的补角相等、对顶角相等。

②了解垂线、垂线段等概念，了解垂线段最短的性质，体会点到直线距离的意义。

③知道过一点有且仅有一条直线垂直于已知直线，会用三角尺或量角器过一点画一条直线的垂线。

④了解线段垂直平分线及其性质。

⑤知道两直线平行同位角相等，进一步探索平行线的性质。

⑥知道过直线外一点有且仅有一条直线平行于已知直线，会用三角尺和直尺过已知直线外一点画这条直线的平行线。

⑦体会两条平行线之间距离的意义，会度量两条平行线之间的距离。

（4）三角形

①了解三角形有关概念（内角、外角、中线、高、角平分线），会画出任意三角形的角平分线、中线和高，了解三角形的稳定性。

②探索并掌握三角形中位线的性质。

③了解全等三角形的概念，探索并掌握两个三角形全等的条件。

④了解等腰三角形的有关概念，探索并掌握等腰三角形的性质和一个三角形是等腰三角形的条件；了解等边三角形的概念并探索其性质。

⑤了解直角三角形的概念，探索并掌握直角三角形的性质和一个三角形是直角三角形的条件。

⑥体验勾股定理的探索过程，会运用勾股定理解决简单问题；会用勾股定理的逆定理判定直角三角形。

（5）四边形

①探索并了解多边形的内角和与外角和公式，了解正多边形的概念。

②掌握平行四边形、矩形、菱形、正方形、梯形的概念和性质，了解它们之间的关系；了解四边形的不稳定性。

③探索并掌握平行四边形的有关性质和四边形是平行四边形的条件。

④探索并掌握矩形、菱形、正方形的有关性质和四边形是矩形、菱形、正方形的条件。

⑤探索并了解等腰梯形的有关性质和四边形是等腰梯形的条件。

⑥探索并了解线段、矩形、平行四边形、三角形的重心及物理意义（如一根均匀木棒、一块均匀的矩形木重心）。

⑦通过探索平面图形的镶嵌，知道任意一个三角形、四边形或正六边形可以镶嵌平面，并能运用这几种图形进行简单的镶嵌设计。

（6）圆

①理解圆及其有关概念，了解弧、弦、圆心角的关系，探索并了解点与圆、直线与圆以及圆与圆的位置关系。

②探索圆的性质，了解圆周角与圆心角的关系、直径所对圆周角的特征。

③了解三角形的内心和外心。

④了解切线的概念，探索切线与过切点的半径之间的关系；能判定一条直线是否为圆的切线，会过圆上一点画圆的切线。

⑤会计算弧长及扇形的面积，会计算圆锥的侧面积和全面积。

（7）尺规作图

①完成以下基本作图：作一条线段等于已知线段，作一个角等于已知角，作角的平分线，作线段的垂直平分线。

②利用基本作图作三角形：已知三边作三角形；已知两边及其夹角作三角形；已知两角及其夹边作三角形；已知底边及底边上的高作等腰三角形。

③探索如何过一点、两点和不在同一直线上的三点作圆。

④了解尺规作图的步骤，对于尺规作图题，会写已知、求作和作法（不要求证明）。

（8）视图与投影

①会画基本几何体（直棱柱、圆柱、圆锥、球）的三视图（主视图、左视图、俯视图），会判断简单物体的三视图，能根据三视图描述基本几何体或实物原型。

②了解直棱柱、圆锥的侧面展开图，能根据展开图判断和制作立体模型。

③了解基本几何体与其三视图、展开图（球除外）之间的关系；通过典型实例，知道这种关系在现实生活中的应用（如物体的包装）。

④观察与现实生活有关的图片（如照片、简单的模型图、平面图、地图等），了解并欣赏一些有趣的图形（如雪花曲线、莫比乌斯带）。

⑤通过背景丰富的实例，知道物体的阴影是怎么形成的，并能根据光线的方向辨认实物的阴影（如在阳光或灯光下，观察手的阴影或人的身影）。

⑥了解视点、视角及盲区的涵义，并能在简单的平面图和立体图中表示。

⑦通过实例了解中心投影和平行投影。

2. 图形与变换

（1）图形的轴对称

①通过具体实例认识轴对称，探索它的基本性质，理解对应点所连的线段被对称轴垂直平分的性质。

②能够按要求作出简单平面图形经过一次或两次轴对称后的图形；探索简单图形之间的轴对称关系，并能指出对称轴。

③探索基本图形（等腰三角形、矩形、菱形、等腰梯形、正多边形、圆）的轴对称性及其相关性质。

④欣赏现实生活中的轴对称图形，结合现实生活中典型实例了解并欣赏物体的镜面对称，能利用轴对称进行图案设计。

（2）图形的平移

①通过具体实例认识平移，探索它的基本性质，理解对应点连线平行且相等的性质。

②能按要求作出简单平面图形平移后的图形。

③利用平移进行图案设计，认识和欣赏平移在现实生活中的应用。

（3）图形的旋转

①通过具体实例认识旋转，探索它的基本性质，理解对应点到旋转中

心的距离相等、对应点与旋转中心连线所成的角彼此相等的性质。

②了解平行四边形、圆是中心对称图形。

③能够按要求作出简单平面图形旋转后的图形。

④欣赏旋转在现实生活中的应用。

⑤探索图形之间的变换关系（轴对称、平移、旋转及其组合）。

⑥灵活运用轴对称、平移和旋转的组合进行图案设计。

（4）图形的相似

①了解比例的基本性质，了解线段的比、成比例线段，通过建筑、艺术上的实例了解黄金分割。

②通过具体实例认识图形的相似，探索相似图形的性质，知道相似多边形的对应角相等，对应边成比例，面积的比等于对应边比的平方。

③了解两个三角形相似的概念，探索两个三角形相似的条件。

④了解图形的位似，能够利用位似将一个图形放大或缩小。

⑤通过典型实例观察和认识现实生活中物体的相似，利用图形的相似解决一些实际问题（如利用相似测量旗杆的高度）。

⑥通过实例认识锐角三角函数（$\sin A$，$\cos A$，$\tan A$），知道 $30°$，$45°$，$60°$角的三角函数值；会使用计算器由已知锐角求它的三角函数值，由已知三角函数值求它对应的锐角。

⑦运用三角函数解决与直角三角形有关的简单实际问题。

3. 图形与坐标

（1）认识并能画出平面直角坐标系；在给定的直角坐标系中，会根据坐标描出点的位置、由点的位置写出它的坐标。

（2）能在方格纸上建立适当的直角坐标系，描述物体的位置。

（3）在同一直角坐标系中，感受图形变换后点的坐标的变化。

（4）灵活运用不同的方式确定物体的位置。

4. 图形与证明

（1）了解证明的含义

①理解证明的必要性。

②通过具体的例子，了解定义、命题、定理的含义，会区分命题的条

件（题设）和结论。

③结合具体例子，了解逆命题的概念，会识别两个互逆命题，并知道原命题成立其逆命题不一定成立。

④通过具体的例子理解反例的作用，知道利用反例可以证明一个命题是错误的。

⑤通过实例，体会反证法的含义。

⑥掌握用综合法证明的格式，体会证明的过程要步步有据。

（2）掌握以下基本事实，作为证明的依据

①一条直线截两条平行直线所得的同位角相等。

②两条直线被第三条直线所截，若同位角相等，那么这两条直线平行。

③若两个三角形的两边及其夹角（或两角及其夹边，或三边）分别相等，则这两个三角形全等。

④全等三角形的对应边、对应角分别相等。

（3）利用（2）中的基本事实证明下列命题：

①平行线的性质定理（内错角相等、同旁内角互补）和判定定理（内错角相等或同旁内角互补，则两直线平行）。

②三角形的内角和定理及推论（三角形的外角等于不相邻的两内角的和，三角形的外角大于任何一个和它不相邻的内角）。

③直角三角形全等的判定定理。

④角平分线性质定理及逆定理；

三角形的三条角平分线交于一点（内心）。

⑤垂直平分线性质定理及逆定理；

三角形的三边的垂直平分线交于一点（外心）。

⑥三角形中位线定理。

⑦等腰三角形、等边三角形、直角三角形的性质和判定定理。

⑧平行四边形、矩形、菱形、正方形、等腰梯形的性质和判定定理。

（4）通过对欧几里得《原本》的介绍，感受几何的演绎体系对数学发展和人类文明的价值

三、统计与概率

在本学段中，学生将体会抽样的必要性以及用样本估计总体的思想，进一步学习描述数据的方法，进一步体会概率的意义，能计算简单事件发生的概率。

在教学中，应注重所学内容与日常生活、自然、社会和科学技术领域的联系，使学生体会统计与概率对制定决策的重要作用；应注重使学生从事数据处理的全过程，根据统计结果作出合理的判断；应注重使学生在具体情境中体会概率的意义；应加强统计与概率之间的联系；应避免将这部分内容的学习变成数字运算的练习，对有关术语不要求进行严格表述。

（一）具体目标

1. 统计

（1）从事收集、整理、描述和分析数据的活动，能用计算器处理较为复杂的统计数据。

（2）通过丰富的实例，感受抽样的必要性，能指出总体、个体、样本，体会不同的抽样可能得到不同的结果。

（3）会用扇形统计图表示数据。

（4）在具体情境中理解并会计算加权平均数；根据具体问题，能选择合适的统计量表示数据的集中程度。

（5）探索如何表示一组数据的离散程度，会计算极差和方差，并会用它们表示数据的离散程度。

（6）通过实例，理解频数、频率的概念，了解频数分布的意义和作用，会列频数分布表，画频数分布直方图和频数折线图，并能解决简单的实际问题。

（7）通过实例，体会用样本估计总体的思想，能用样本的平均数、方差来估计总体的平均数和方差。

（8）根据统计结果作出合理的判断和预测，体会统计对决策的作用，能比较清晰地表达自己的观点，并进行交流。

（9）能根据问题查找有关资料，获得数据信息；对日常生活中的某些数据发表自己的看法。

（10）认识到统计在社会生活及科学领域中的应用，并能解决一些简单的实际问题。

2. 概率

（1）在具体情境中了解概率的意义，运用列举法（包括列表、画树状图）计算简单事件发生的概率。

（2）通过实验，获得事件发生的频率；知道大量重复实验时频率可作为事件发生概率的估计值。

（3）通过实例进一步丰富对概率的认识，并能解决一些实际问题。

四、课题学习

在本学段中，学生将探讨一些具有挑战性的研究课题，发展应用数学知识解决问题的意识和能力；同时，进一步加深对相关数学知识的理解，认识数学知识之间的联系。

在前两个学段的基础上，教学时应引导学生结合生活经验提出课题、积极地思考所面临的课题、清楚地表达自己的观点并能够解决一些问题。

（一）具体目标

1. 经历"问题情境——建立模型——求解——解释与应用"的基本过程。

2. 体验数学知识之间的内在联系，初步形成对数学整体性的认识。

3. 获得一些研究问题的方法和经验，发展思维能力，加深理解相关的数学知识。

4. 通过获得成功的体验和克服困难的经历，增进应用数学的自信心。

（二）案例

例：用一张正方形的纸制作一个无盖的长方体，怎样制作使得体积较大？

说明这是一个综合性的问题，学生可能会从以下几个方面进行思考：

①无盖长方体展开后是什么样？②用一张正方形的纸怎样才能制作一个无盖长方体？基本的操作步骤是什么？③制成的无盖长方体的体积应当怎样去表达？④什么情况下无盖长方体的体积会较大？⑤如果是用一张正方形的纸制作一个有盖的长方体，怎样去制作？制作过程中的主要困难可能是什么？

通过这个主题的学习，学生进一步丰富自己的空间观念，体会函数思想以及符号表示在实际问题中的应用，进而体验从实际问题抽象出数学问题、建立数学模型、综合应用已有的知识解决问题的过程，并从中加深对相关知识的理解，发展自己的思维能力。

第四部分　课程实施建议

一、教学建议

数学教学是数学活动的教学，是师生之间、学生之间交往互动与共同发展的过程。

数学教学应从学生实际出发，创设有助于学生自主学习的问题情境，引导学生通过实践、思考、探索、交流，获得知识，形成技能，发展思维，学会学习，促使学生在教师指导下生动活泼地、主动地、富有个性地学习。

在教学活动中，教师应发扬教学民主，成为学生数学活动的组织者、引导者与合作者；要善于激发学生的学习潜能，鼓励学生大胆创新与实践；要创造性地使用教材，积极开发、利用各种教学资源，为学生提供丰富多彩的学习素材；要关注学生的个体差异，有效地实施有差异的教学，使每个学生都得到充分的发展；要重视现代教育技术在教学中的应用，有条件的地区，要尽可能合理、有效地使用计算机和有关软件，提高教学效益。

（一）让学生经历数学知识的形成与应用过程

本学段的教学应结合具体的数学内容采用"问题情境——建立模型——解释、应用与拓展"的模式展开，让学生经历知识的形成与应用的过程，从而更好地理解数学知识的意义，掌握必要的基础知识与基本技能，发展应用数学知识的意识与能力，增强学好数学的愿望和信心。

抽象数学概念的教学，要关注概念的实际背景与形成过程，帮助学生克服机械记忆概念的学习方式。比如函数概念，不应只关注对其表达式、定义域和值域的讨论，而应选取具体实例，使学生体会函数能够反映实际事物的变化规律。

（二）鼓励学生自主探索与合作交流

有效的数学学习过程不能单纯地依赖模仿与记忆，教师应引导学生主动地从事观察、实验、猜测、验证、推理与交流等数学活动，从而使学生形成自己对数学知识的理解和有效的学习策略。

本学段数与代数的内容中充满了用来表达各种数学规律的模型，如代数式、方程、函数、不等式等。因此，在教学过程中应该让学生充分地经历探索事物的数量关系、变化规律的过程。

（三）尊重学生的个体差异，满足多样化的学习需要

学生的个体差异表现为认知方式与思维策略的不同，以及认知水平和学习能力的差异。教师要及时了解并尊重学生的个体差异，满足多样化的学习需要。

教学中要鼓励与提倡解决问题策略的多样化，尊重学生在解决问题过程中所表现出的不同水平。问题情境的设计、教学过程的展开、练习的安排等要尽可能地让所有学生都能主动参与，提出各自解决问题的策略，并引导学生在与他人的交流中选择合适的策略，丰富数学活动的经验，提高思维水平。

对学习有困难的学生，教师要给予及时的关照与帮助，要鼓励他们主动参与数学学习活动，尝试着用自己的方式去解决问题，发表自己的看

法；教师要及时地肯定他们的点滴进步，对出现的错误要耐心地引导他们分析其产生的原因，并鼓励他们自己去改正，从而增强学习数学的兴趣和信心。对于学有余力并对数学有浓厚兴趣的学生，教师要为他们提供足够的材料，指导他们阅读，发展他们的数学才能。

（四）应关注证明的必要性、基本过程和基本方法

"证明"的教学所关注的是，对证明必要性的理解，对证明基本方法和证明过程的体验，而不是追求所证命题的数量、证明的技巧。具体来说，包括如下几个方面：

在命题教学中，应通过生活和数学中的实例来说明什么是命题；能够区分一个简单命题的真伪，能够用反例来判定一个命题是假命题；对几何中的一些基本命题，应该要求学生能够画出相应的图形，并逐步学会用符号来表示命题。

在证明的教学中，首先，应通过生活、代数和几何中的具体例子使学生认识到，有些命题可以通过观察和实验得到并获得大家的认可，但也有些命题仅仅通过观察和实验是不够的，从而使学生体会证明的必要性；其次，应该使学生理解证明的基本要求，有条理地阐述自己的想法，知道推理必须有依据，证明过程的表述必须条理清楚。

反证法也是一种重要的证明方法，教学中可以通过生活实例和简单的数学例子，使学生体会反证法的思想。但在义务教育阶段不必给出反证法的证明格式。

在教学中，应把证明作为探索活动的自然延续和必要发展，引导学生从问题出发，根据观察、实验的结果，运用归纳、类比的方法首先得出猜想，然后再进行证明，这十分有利于学生对证明的全面理解；使用较规范的数学语言表述论证的过程，有利于学生清晰而有条理地表达自己的观点并理解他人的思想；组织学生探索证明的不同思路，并进行适当的比较和讨论，这有利于开阔学生的视野；提供一些具有实际背景的命题，增加论证的趣味性，有助于激发学生对数学证明的兴趣和掌握综合证法的信心。

（五）注重数学知识之间的联系，提高解决问题的能力

教学中应当有意识、有计划地设计教学活动，引导学生体会数学之间的联

系，感受数学的整体性，不断丰富解决问题的策略，提高解决问题的能力。

（六）充分运用现代信息技术

教师应当在学生理解并能正确应用公式、法则等进行计算的基础上，指导学生用计算器完成较为繁杂的计算。在课堂教学、课外作业、实践活动以及考试中，应当允许学生使用计算器，还应鼓励学生用计算器进行探索规律等活动。

有条件的地区，教学中要尽可能地使用函数计算器、计算机以及有关软件，这种现代教育手段和技术将有效地改变教学方式，提高教学的效益。如利用计算机展示函数图像、几何图形及其变换过程并研究其性质；从数据库上获得数据，并绘制表示同一组数据的不同图表，使学生能选择适当的图像描述数据；计算机还可以产生足够的模拟结果，帮助学生更好地体会事件发生概率的意义。

二、教材编写建议

教材为学生的学习活动提供了基本线索，是实现课程目标、实施教学的重要资源。教材编写应以《标准》为依据，所选择的素材应尽量来源于自然、社会与科学中的现象和实际问题，应当反映一定的数学价值，能够表现出不同内容之间的相互联系。教材内容的编排和呈现要突出知识的形成与应用过程；应引导学生从已有的知识和经验出发，进行自主探索与合作交流，并在学习过程中逐步学会学习；应关注对学生人文精神的培养。教材的编写还要有利于调动教师的主动性和积极性，鼓励教师进行创造性教学。重要的数学概念与数学思想的呈现应体现螺旋上升的原则，逐步加深学生对数学知识、思想和方法的理解。

考虑到不同学生之间的差异，在贯彻《标准》的基本理念和保证《标准》规定的基本要求的前提下，教材编写应体现出自己的风格和特色，并具有一定的弹性。教材编写时，应充分考虑与其他课程资源的开发和利用相结合。

（一）选取自然、社会与其他学科中的素材

本学段学生的活动空间比第一、二学段有了较大的扩展，学生感兴趣的问题已拓展到客观世界的许多方面，他们逐渐关注来源于自然、社会与其他学科中更为广泛的现象和问题，对具有一定挑战性的内容表现出更大的兴趣。教材所选择的素材应尽量来源于自然、社会与科学中的现象和问题，应当反映一定的数学价值。

例如，对于统计与概率的内容，在教材编写时应提供足够的现代社会生活中的实例。既可以从报刊杂志、电视广播、计算机网络等方面寻找素材，也可以从学生的生活实际中提取他们感兴趣的问题，如对学校周围道路交通状况（运输量、车辆数、堵塞情况、交通事故等）的调查、对本地资源与环境的调查、对自己所喜爱的体育比赛的研究、讨论歌手大赛中为什么要去掉一个最高分和最低分、讨论有奖销售等问题。这样的素材能引导学生更多地着眼于对实际问题的探索，理解概念的实际意义，在学习数学的同时更好地认识现实世界。

例1　调查学校附近一个人行横道的人流情况，你能就这个人行横道的安全性和便利性提出改进意见吗？设计一个调查方案，然后分组进行调查，并在全班交流各组的调查报告。

（二）给学生提供探索与交流的空间

本学段的学生独立思考和探索的愿望和能力有所提高，并能在探索的过程中形成自己的观点，能在倾听别人意见的过程中逐渐完善自己的想法。教材编写时应注意体现这个特点，提供充分探索与交流的空间，使学生进一步经历观察、实验、猜测、推理、交流、反思等活动。

教材可以设置具有挑战性的问题情境，激发学生进行思考；提出具有一定跨度的问题串引导学生进行自主探索；通过"与同学交流你的想法"等语言鼓励学生进行交流；提供一些开放性（在问题的条件、结论、解题策略或应用等方面具有一定的开放程度）的问题，使学生在探索的过程中进一步理解所学的知识；适当提供需要学生合作交流来解决问题的活动，如设置探究课题、社会调查等，使学生经历多角度认识问题、多种形式表现问题、多种策略思考问题、尝试解释不同答案合理性的活动，以发展其创新意识和实践能力；提出一些问题，引导学生对学习过程进行监控和反思。

例2 探索规律。

（1）计算并观察下列每组算式：

$8 \times 8 =$　　　$5 \times 5 =$　　　$12 \times 12 =$

$7 \times 9 =$　　　$4 \times 6 =$　　　$11 \times 13 =$

（2）已知 $25 \times 25 = 625$，那么 $24 \times 26 =$　　　。

（3）你能举出一个类似的例子吗？

（4）从以上的过程中，你发现了什么规律，你能用语言叙述这个规律吗？你能用代数式表示这个规律吗？

（5）你能证明自己所得到的规律吗？

这个例子通过设置问题串，使学生经历了根据特例进行归纳、建立猜想、用数学符号表示，并给出证明这一重要的数学探索过程。

学生空间观念的培养、推理能力的发展、对图形美的感受等都建立在经历观察、操作、猜测、推理、交流等活动的基础上，教材要充分展现这些过程。例如，在安排轴对称内容时，教材可以呈现徽标、枫叶、雪花等多种图案让学生观察；探索一些图案中蕴涵的轴对称关系；提供根据轴对称进行图案设计的活动；通过阅读材料等，介绍相关的一些科学道理（如飞机、轮船的对称能使飞机、轮船在航行中保持平衡；建筑上的对称多半是为了美观，但有时也考虑到使用上的方便和受力平衡等问题）；利用对称解决一些有趣的问题。

例3 某汽车的车牌倒映在水中，你能根据水中的影子确定该车的牌照号码吗？

在学习基本图形基本性质的证明时，教材要设计一系列问题使学生认识到证明的必要性，探索证明的思路，体验证明的过程要步步有据。

（三）体现数学知识的形成与应用过程

本学段的教材应体现从具体的问题情境中抽象出数学问题、使用各种数学语言表达问题、建立数学关系式、获得合理的解答、理解并掌握相应的数学知识与技能的有意义的学习过程。教材中学习素材的呈现力求体现"问题情境——建立数学模型——解释、应用与拓展"的模式，围绕所要学习的数学主题，选择有现实意义的、对学生具有一定挑战性的、能够表

现重要数学意义、有利于学生一般能力发展的内容，使学生在自主探索和合作交流的过程中建立并求解包含该主题的数学模型，判断解的合理性并将所学的主题应用到其他场合，进而获得相应的数学知识、方法与技能，为有需要的学生提供进一步了解该主题的途径。通过上述的过程，学生将逐步掌握基本的数学知识和方法，形成良好的数学思维习惯和应用意识，提高自己解决问题的能力，感受数学创造的乐趣，增进学好数学的信心，获得对数学较为全面的体验与理解。

例如，在数与代数中，学生将学习方程、不等式、函数等内容，它们是研究现实世界数量关系和变化规律的重要数学模型，可以帮助人们从数量关系的角度更准确、清晰地描述和把握现实世界，编写上述内容的教材时，要体现出数学建模的过程。如教材可以从生活中常见的"梯子问题"出发，引导学生进行讨论，获得"一元二次方程"的模型和近似解：

例4 一个长为 10 米的梯子斜靠在墙上，梯子的顶端距地面的垂直距离为 8 米。如果梯子的顶端下滑 1 米，那么

（1）猜一猜，底端也将滑动 1 米吗？

（2）列出底端滑动距离所满足的方程。

（3）你能尝试得出这个方程的近似解吗？底端滑动的距离比 1 大，还是比 1 小？与同学交流你的想法。

教材可以再提供一些具体问题中的数量关系，使学生列出有关的一元二次方程，并经历探索满足方程解的过程，进而产生学习方程一般解法的愿望。在学习了一元二次方程的一般解法后，教材除了要回顾上述的"梯子问题"外，还可以设立下面的开放性问题：

例5 在一个长为 50 米、宽为 30 米的矩形空地上建造一个花园，要求种植花草的面积是整块空地面积的一半，请展示你的设计。

这个问题的参与性很强，每个学生都可以展开想像的翅膀，按照自己思考的设计原则，设计出不同的图案，并尽量使自己的方案定量化，在一些方案的定量化过程中，学生可以体会到一元二次方程在处理数量关系上的作用，认识到解一元二次方程不是一个机械的计算，得到的结果必须对具体情况是有意义的，需要恰当地选择解和检验解。

（四）呈现形式要丰富多彩

本学段的学生主要借助字母、图形、文字等多种材料从事数学活动。教材呈现形式应多样化，可以将实物照片、素描、文字、表格、图形、字母等多种形式结合起来，使学生积极、主动地参与整个学习过程，加深对所学内容数学意义的理解。如用场景图、实物照片等呈现问题情境，也可以编排一些有趣的阅读材料，还可以安排多种活动（操作、实验、调查等），使学生的数学学习密切联系现实世界。素材还应蕴涵丰富的数学思想，使学生在学习过程中发现其中的数学内涵。如为了加深对乘方的理解，教材可以提供生物学中细胞分裂的实例，在呈现时可以用细胞分裂图来展示细胞分裂的过程：每个细胞每次分裂为 2 个，2 个又分裂成 4 个，如此下去就构成了 1，2，4，8，……这样一组数。这既提高了学生学习数学的兴趣，了解了数学在其他学科中的应用，又加深了对所学知识的理解。

丰富多彩的图形是空间与图形部分的重要学习素材，教材应做到图片与启发性问题相结合，图形与必要的文字相结合，计算与推理相结合，数和形相结合，充分发挥图形直观的作用，使教材图文并茂，富有启发性。

函数是数与代数中的重要内容，函数有多种表示形式（表格、图象、表达式、语言），教材要提供多种形式表示函数的例子，从多种角度来认识一次函数、二次函数、反比例函数的意义，以加深学生对函数思想的理解。

（五）内容设计要有一定的弹性

一方面，教材要按照《标准》中指出的要求，保证学生基础知识和基本技能的获得与一定的训练；另一方面，考虑到学生发展的差异和各地区发展的不平衡性，教材在保证基本要求的前提下，要体现一定的弹性，满足学生的不同需求，使全体学生都能得到相应的发展，同时便于教师发挥创造性。具体的设计方式可以是就同一问题情境提出不同层次的问题或开放性问题，以使不同的学生得到不同的发展；提供一定的阅读材料供学生选择阅读；课后习题的选择与编排应突出层次性，可以设置巩固性练习、拓展性练习、探索性问题等多种层次；在设计课题学习时，所选择的课题

要使所有的学生都能参与，在全体学生获得必要发展的前提下，不同的学生可以获得不同的体验；教材可以编入一些拓宽知识的选学内容，但增加的内容应注重数学思想方法，注重学生的发展，有利于学生认识数学的本质与作用，增强对数学的学习兴趣，而不应该片面追求解题的难度、技巧和速度。

教材可以通过设计具体课题和阅读材料等形式引入计算机、函数计算器等教育技术供有条件的学生选择使用，使学生将更多的精力投入到有意义的探索性活动中去。如可以探索一些数量关系、函数的性质、图形的性质；可以做一个图形经过轴对称、平移、旋转后的图形；可以利用坐标进行作图，可以从事图案的设计；可以展示丰富多彩的几何图形，可以探索图形的变化规律等；还可以收集数据、处理数据、模拟概率实验等。

（六）重要的数学概念与数学思想宜体现螺旋上升的原则

《标准》中提供的是第三学段最终应达到的目标，根据学生的年龄特征、认知规律与知识特点，在教材编写时，重要的数学概念与思想方法的学习可以遵循逐级递进、螺旋上升的原则，但要避免不必要的重复。

例如，前两个学段的教材已经渗透了函数的思想，本学段将出现函数的概念。学生对函数概念的理解也有一个逐步发展的过程，教材对函数内容的编排应体现螺旋上升的、不断深化的过程，而不宜集中一次学完，这样有利于学生不断加深对函数思想的理解。又如，在各个年级、各个领域中都应设计推理和证明的内容，可以按照提出佐证、说理和证明等层次逐步展开。

（七）重视知识之间的联系与综合

教材要关注数学知识之间的联系，这包括同一领域内容之间的相互连接，也包括选择若干具体内容，体现数与代数、空间与图形、统计与概率之间的实质性关联，展示数学的整体性；教材还应关注数学与现实世界、与其他学科之间的联系。

例如，对于统计与概率的内容，教材应重视渗透统计与概率之间的联系，通过频率来估计事件的概率，通过样本的有关数据对总体的可能性作出估计等。教材还应将统计与概率和其他领域的内容联系起来，从统计与概率的角度为他们提供问题情境，在解决统计与概率问题时自然地使用其他领域的知识和方法，为培养学生综合运用知识解决问题提供机会。

对于数与代数的内容，教材要重视有关内容的几何背景，运用几何直观帮助学生理解、解决有关代数问题。如，根据平面规则点阵中点的排列规律推导相应的整数列的和（如 $1+3+5+7+\cdots$ 可表示为正方形点阵）；利用图形理解完全平方公式、平方差公式等恒等式；利用函数图象理解函数的变化趋势。

本学段的课题学习将更多体现活动的探索性和研究性，更多地把数学与社会生活和其他学科知识联系起来，使学生进一步体会不同的数学知识以及数学与外界之间的联系，初步学习研究问题的方法，提高学生的实践能力和创新意识。课题学习的内容不一定在课内完成，教材可以设计一些活动，鼓励学生利用课外时间从事搜集资料、进行调查等活动。

（八）介绍有关的数学背景知识

在对数学内容的学习过程中，教材中应当包含一些辅助材料，如史料、进一步研究的问题、数学家介绍、背景材料等，还可以介绍数学在现代生活中的广泛应用（如建筑、计算机科学、遥感、CT 技术、天气预报等），这样不仅可以使学生对数学的发展过程有所了解，激发学生学习数学的兴趣，还可以使学生体会数学在人类发展历史中的作用和价值。辅助材料可以以阅读材料等形式出现。

在数与代数部分，可以穿插介绍代数及代数语言的历史，并将促成代数兴起与发展的重要人物和有关史迹的图片呈现在学生的面前，也可以介绍一些有关正负数和无理数的历史、一些重要符号的起源与演变、方程及其解法有关的材料（如《九章算术》、秦九韶法）、函数概念的起源、发展与演变等内容。

在空间与图形部分，可以通过以下线索向学生介绍有关的数学背景知识：介绍欧几里得《原本》，使学生初步感受几何演绎体系对数学发展和人类文明的价值；介绍勾股定理的几个著名证法（如欧几里得证法、赵爽证法等）及其有关的一些著名问题，使学生感受数学证明的灵活、优美与精巧，感受勾股定理的丰富文化内涵；介绍机器证明的有关内容及我国数

学家的突出贡献；简要介绍圆周率 π 的历史，使学生领略与 π 有关的方法、数值、公式、性质的历史内涵和现代价值（如 π 值精确计算已经成为评价电脑性能的最佳方法之一）；结合有关教学内容介绍古希腊及中国古代的割圆术，使学生初步感受数学的逼近思想以及数学在不同文化背景下的内涵；作为数学欣赏，介绍尺规作图与几何三大难题、黄金分割、哥尼斯堡七桥问题等专题，使学生感受其中的数学思想方法，领略数学命题和数学方法的美学价值。

在统计与概率部分，可以介绍一些有关概率论的起源、掷硬币试验、布丰（*Buffon*）投针问题与几何概率等历史事实，统计与概率在密码学等方面的应用，这样可以使学生对人类把握随机现象的历程有一个了解，对于学生进一步学习与发展有一定的激励作用。

三、课程资源的开发与利用

数学课程资源是指依据数学课程标准所开发的各种教学材料以及数学课程可以利用的各种教学资源、工具和场所，主要包括各种实践活动材料、录像带、多媒体光盘、计算机软件及网络、图书馆，以及报纸杂志、电视广播、少年宫、博物馆等。教材编写者、学校管理者、教师和有关人员应因地制宜，有意识、有目的地开发和利用各种资源。以下分别就有关资源的开发和利用提出一些建议。

（一）实践活动材料

为了使学生在课堂中能够充分地参与活动，在活动中更好地理解重要的数学概念和方法，各个学校要充分利用并开发实物材料和设备（如计数器、钉字板、立体模型、校园设施）供学生开展实践活动。

（二）音像资料与信息技术

可以开发录像带、光盘等音像资料，如录制生活中的一些场景作为与学习内容相适应的问题情境；录制数学在科学技术中的应用；录制数学家的生平或故事；录制教学案例供教师讨论。需要注意的是录像带、光盘的内容不能只是简单重复教师在课堂中的讲解。

一切有条件和能够创造条件的学校，都应使计算机、多媒体、互联网等信息技术成为数学课程的资源，积极组织教师开发课件。要充分发挥信息技术的优势，为学生的学习和发展提供丰富多彩的教育环境和有力的学习工具；为所有学生提供探索复杂问题、多角度理解数学思想的机会，丰富学生数学探索的视野；为一些有需要的学生提供个体学习的机会，以便于教师为特殊需要的学生提供帮助；为偏远地区的学生提供教学指导和智力资源，更有效地吸引和帮助学生的数学学习。多媒体技术能为教学提供并展示各种所需的资料，包括文字、声音、图像等，并能随时抽取播出；可以创设、模拟各种与教学内容相适应的情境。互联网在教学活动中的应用日益广泛，它在获取资源和进行交流等方面的作用和价值越来越表现出来，它将成为一种不可或缺的课程资源。同时，在互联网上还可以找到很多国内外的数学教育网站。在这些网站中，教师可以收集一些学习素材，下载一些与课程直接相关的内容在教学中应用。有条件的话，教师还应该向学生介绍一些好的网站供学生选择，鼓励并引导学生通过网络来获取信息，进行交流。

　　需要注意的是，我们不提倡用计算机上的模拟实验来代替学生能够从事的实践活动（如在计算机上模拟"倒砂子实验"，以使学生理解等底等高的圆柱体和圆锥体体积之间的关系）；我们不提倡利用计算机演示来代替学生的直观想像，来代替学生对数学规律的探索。同时，学校之间要加强交流，共享资源，避免课件的低水平重复，也可以积极引进国外先进的教育软件，并根据本学校学生的特点加以改进。

　　（三）其他学科的资源

　　要将数学与其他学科密切联系起来，从其他学科中挖掘可以利用的资源（如自然现象、社会现象和人文遗产）来创设情境，利用数学解决其他学科中的问题。例如可以展现细胞分裂的过程（1 个分裂成 2 个，再逐步分裂成 4，8，16，……），使学生更好地理解平方的概念；可以让学生通过收集和分析数据，研究影响单摆周期的因素；可以让学生从数学的角度去研究环保问题。

　　（四）课外活动小组

179

　　学校可以开展数学课外小组活动，用以激发学生的学习兴趣，引导学生深入学习，培养学生的实践能力，发展学生的个性与创新精神。在课外活动小组中，教师还可以向学生提供一些阅读材料，内容可以包括数学在生活中的应用、趣味数学、数学史和数学家的故事、扩展性知识等，用来拓宽学生的学习领域，激发学生学习数学的兴趣。

　　需要注意的是，课外小组应由学生自愿参加，避免使之成为竞赛的工具。阅读材料的编写要符合学生的认知特征和生活经验，并由学生选择阅读。

　　（五）图书馆资源

　　学校图书馆应该基本满足学生课外阅读的需要，这对于扩大学生的知识面，激发学生学习数学的兴趣都起着重要的作用。目前大多数学校的图书馆除了书籍数量太少外，一个主要问题是数学辅导类图书所占的比例太大，这样的局面必须改变。学校还应充分利用校外的图书馆，用以开阔学生的视野，丰富教师的教学资源。

　　（六）报纸杂志、电视广播等媒体

　　报纸杂志、电视广播等媒体提供了许多有意义的问题，教材编写者和教师要充分地从中挖掘适合学生学习的素材。教师还可以向学生介绍电视中与数学有关的栏目，组织学生对某些内容进行交流。

　　（七）社区、少年宫、博物馆等活动场所

　　学校要充分利用社区、少年宫、博物馆等活动场所，一方面可以从这些场所中寻找合适的学习素材，如学生感兴趣的自然现象和社会问题，一方面可以组织学生开展活动，如参观博物馆中的人文遗产，这样可以激发学生的学习兴趣，培养学生的实践能力。

　　（八）智力资源

　　应充分利用学校和社会上的智力资源，如邀请有关专家为学生和教师讲课，就一些问题向专家请教，查阅有关数学教育的国际资料。

　　为了有效地开发数学课程资源，有必要制定数学课程资源的评价标准，包括鼓励社会参与，规范申报手续，规定课程资源的基本要求（如启发性、创新性、实用性），制定合理价格，鼓励有序竞争等各个方面。

后　记

　　本书的写作过程是一个理论与实践对话的过程。一线教师丰富的教学实践和教学智慧，成为本书宝贵的精神财富。书中汇集了大量来自中学一线教师的生动而鲜活的教育和教学案例，这些案例反映了在新课程标准下教学工作面对的新问题，以及解决这些问题的新途径和新方法。

　　书的作者都是来自中学一线的教师。虽然他们自己在实际的工作中积累了丰富的教学经验，但是，口头上说说容易，真的要把它们变成文字——不仅要写出自己是如何理解新课程标准的，还要讲出道理来，即为什么这么做，也就是我们通常所说的反思，并不是一件易事。更何况，作为一线教师，他们平时都承担着繁重的教学任务，只能抽时间进行写作，所以能够完成本书完全是出于对这份事业的热爱，目的也只有一个——希望通过自己对新课程标准的理解和实践，分享自己的教学经验和体会，给更多的教师一点有益的启发。

　　参与本书编写的老师主要有：北京市铁路第二中学杨敏，天津市新华中学谭蕾，北师大天津附中张莹、张强、李娜、鲍筠，天津市实验中学张石柱，天津市第四中学王刚。